¡Ya!

Students'
Book 2

Curso de español

Ulla Håkanson
Joaquín Masoliver
Gunilla Sandström
Luis Lerate
Hans L Beeck

Adapted by
Hedley Sharples

Oxford University Press

Oxford University Press, Walton Street, Oxford OX2 6DP

Oxford New York Toronto
Delhi Bombay Calcutta Madras Karachi
Petaling Jaya Singapore Hong Kong Tokyo
Nairobi Dar es Salaam Cape Town
Melbourne Auckland

and associated companies in
Beirut Berlin Ibadan Nicosia

Oxford is a trade mark of Oxford University Press

Originally published by Almqvist & Wiksell under the title **Eso sí 2**

© 1984 Ulla Håkanson, Joaquín Masoliver, Gunilla Sandström, Luis Lerate, Hans L.
Beeck and Almqvist & Wiksell Läromedel AB, Stockholm

© This edition: Oxford University Press 1986
First published 1986
Reprinted 1988
ISBN 0 19 912067 6

Acknowledgements

Translated from the Swedish by Joan Tate.

Most illustrations are by Göran Lindgren; pp. 38, 50, 66, 77, 83, 131 by Lars-Ove
Norling; pp. 45(1), 46, 76 by Sara Karlsson; pp. 25, 45(2) by Joaquín Masoliver
and p. 69 by Michael Masoliver.

The publishers would like to thank the following for permission to reproduce photographs:

Allan Cash J: 36–37
Almasy Paul: 30
Attenborough David: 61 (2)
Barnaby's Picture Library: 8 (1), 60 (2),
    61 (1), 64
Basaldúa H/Centro Arte Buenos
    Aires: 71
Bolt Ann: 8 (1), 60 (1)
Botting Douglas: 29
Burri Rene/Magnum/IBL: 72
COVER/Paco Junquera: 12, 13
Dahlström Jan-Håkan/Bildhuset: 51 (1)
Embraer: 33
Geijerstam Bengt af/Bildhuset: 65
Klaesson Per/Olsson Bengt Olof/Bild-
    huset: 51 (3)

Krabel Wolf: 59, 66
Larsson Birger: 14, 15, 20, 69
Markefelt Mark: 51 (2)
Oddner Georg/TIO: 68
Pressens Bild: 21, 31, 35, 39 (3),
    73, 79, 82, 83
Rebbot Oliver/Viva/Mira: 34
Salgado Sebastio/Sygma/Diana Photo
    Press: 67
Sjöstedt Ulf/TIO: 70
Solbjerghöj Peter: 39 (2)
Spectrum: 40–41
Taylor R/Sygma/Diana Photo Press:
    39 (1)
Tweedy Eileen: 32

The cover photograph is by permission of Marion and Tony Morrison.

The publishers would like to thank the following copyright holders for permission to
reproduce texts:

Ávila, Raúl (ed.): p. 46 (Cuando yo
sea grande), p. 86 (Y todos seríamos felices . . .); from *Así escriben los
niños de México,* © Comisión para la
Defensa del Idioma Español, México,
1982
Cambio 16: p. 22 (¿Quién ha escrito El
Quijote?), p. 36 (Jungla de asfalto), p.
40 (Una llamada misteriosa), p. 52
(Cultura viva)
Galeano, Eduardo: p. 83 (Introducción
a la historia del arte); from *Días y
noches de amor y de guerra,* © Editorial
Laia, S.A., Barcelona, 1982
Güiraldes, Ricardo: p. 70 (Cinco años
habían pasado . . .); from *Don Segundo
Sombra,* © Editorial Losada, S.A.,
Buenos Aires, 1939
Johansson, Kjell A.: p. 35 (Hispanos),
based on an article in Dagens
Nyheter 1982

Neruda, Pablo: p. 45 (Voy a contarte
. . .), © Editorial Losada, S.A.,
Buenos Aires
Pérez, Enrique: p. 63 (. . . en Buenos
Aires, Argentina); from the archives
of UBV, adapted by Enrique Pérez,
published in *Así somos,* Information
Bureau SIDA, Stockholm
Sábato Ernesto: p. 72 (Bruno se inclinó
hacia la ciudad . . .); from *Sobre héroes
y tumbas,* © Editorial Sud-americana,
S.A., Buenos Aires, 1965
Valette and Valette: p. 28 (El secreto);
from *Spanish for Mastery,* © D.C.
Heath and Company, Lexington,
Massachusetts, 1980
Receta . . ., p. 69 from J.P. Duviols-P.
Duviols (eds.): *Sol y sombra,* ©
Bordas, Paris, 1972

Set by Tradespools Ltd., Frome, Somerset
Printed in Hong Kong

Contents

Introduction

¡Ya! 2 is a second-year course in Spanish for secondary schools, for further education and for group and home study after the beginner stage.

¡Ya! 2 is based on ¡Ya! 1. But it can equally well be used after other beginner books, as we start by repeating and reinforcing basic vocabulary and grammar.

In the *course outline* at the end of the book, you can see the contents and aims of the texts, the important words and phrases, and the relevant grammar.

The texts are very varied. There are simple dialogues in everyday Spanish, descriptive and narrative texts and descriptions of people and life-styles in Spain, and in Latin America, where there is an emphasis on Mexico and Argentina.

There is a tentative introduction to Spanish literature in a few brief extracts. They are intended for free reading. These passages – and others of a similar nature – are marked R (= *reading text*) in the course outline. They introduce quite a lot of new vocabulary, but there is no need to learn all the words. The important thing is to understand the contents.

New grammar is gradually brought into the texts and you will have an opportunity to practise and revise at various stages. Above many exercises in the Activity Book, there are references to the *grammar section* in the Students' Book, which contains all the grammar of the ¡Ya! series. There is also an *alphabetical grammar index* to the *grammar section* at the back of the Students' Book.

The texts in the Students' Book are recorded on two tapes/cassettes by authentic Spanish and Latin-American voices. There are also some *listening exercises* marked L in the course outline. They have a special tape symbol in the Students' Book. These passages are recorded on the tapes/ cassettes and the accompanying exercises are to be found in the Activity Book. Transcripts of the passages are included at the back of the Students' Book.

There are also some *songs* on the tapes. They are marked S in the course outline.

You can continue to practise both grammar and vocabulary with the Activity Book. You can also take part in practical speaking situations and talk about different things, starting with yourself, your own wishes and needs.

There are three *vocabularies*. The alphabetical *Spanish-English vocabulary* is at the back of the Students' Book. The *Unit vocabularies* are in the Activity Book to enable you to have this open when you are working on a text. There is also an *English-Spanish vocabulary* in the Activity Book to help with translation exercises.

The Authors

1 ¿Cómo se llama usted?

– ¡Su permiso de conducir, por favor!
○ No lo llevo. Lo he olvidado.
– ¿No tiene otro documento de identidad?
○ No, lo siento.
5 – Pues entonces, vamos a ver . . . ¿cómo se llama usted?
○ Moreno Rubio.
– ¿Y su nombre de pila?
○ Juan Luis.
– ¿Su dirección?
10 ○ ¿Cómo dice?
– ¿Dónde vive usted?
○ Aquí en Madrid, en la calle Esteban Terradas, ocho.
– ¿Fecha de nacimiento?
○ El once de marzo de mil novecientos cincuenta y cinco.
15 – ¿Qué profesión tiene?
○ Soy programador.
– Bueno, vamos a ver . . .

2 Acabo de llegar

– ¿Tomamos el autobús?
○ No, prefiero tomar un taxi. No me gusta hacer cola.

– A mí también me gustaría hacer un viaje.
○ ¿Adónde te gustaría ir?
– No sé, quizás a Francia...

– ¿De dónde viene usted?
○ Vengo de Italia. Acabo de llegar.
– ¿Es usted italiano?
○ No, soy francés.

– ¡Hola Jaime! ¡Cuánto tiempo sin verte! ¿Dónde has estado?
○ En Estepona. He estado de vacaciones.
– ¿Lo has pasado bien?
○ Sí, ha sido fantástico.

3 Las vacaciones de Eva

¡Hola! Me llamo Eva Martínez. Soy hija única y vivo con mis padres y mi abuelo en Bilbao. Estudio Derecho.

A principios del verano, para ganar un poco de dinero para mis gastos, trabajé cinco semanas en una clínica. Fue una experiencia muy interesante, pero bastante dura también.

Luego, a finales de julio, llegó por fin el momento de las vacaciones. Los últimos seis años hemos pasado el verano en Estepona, en el sur de España. Esta vez nos decidimos a cambiar. Fuimos toda la familia en un viaje chárter a Kos, que es una de las islas más interesantes del archipiélago griego.

15 Nos alojaron en un chalé, a menos de cien metros de la playa. Durante las dos semanas que estuvimos allí hizo un tiempo maravilloso. No llovió ni un solo día.

Ahora estoy otra vez en Bilbao. Kos nos gustó a todos aunque, la verdad, yo prefiero Estepona porque allí tengo un montón de amigos. 20 Además, no sé ni una palabra de griego.

Una de mis mejores amigas, Julia, ha pasado como yo muchos veranos en Estepona. Poco antes de empezar las vacaciones le escribí una carta a Madrid (porque ella es madrileña) y todavía estoy esperando su respuesta.

Vacaciones de verano: sol y playa.

4 Carta de Julia

Madrid, 20 de septiembre de 1984

Querida Eva:

¡Qué alegría recibir tu carta! He tardado un poco en
contestarla porque últimamente he andado de cabeza preparando el
examen de COU. En junio tuve mala pata y me suspendieron. Por eso
he tenido que presentarme otra vez ahora en septiembre. Ayer me
examiné por fin. Esta vez yo creo que me ha salido bastante bien. Con un
poquito de suerte, casi seguro que apruebo, y entonces . . . ¡a la
Universidad!

Pero vamos a dejar este tema. El mes de agosto lo pasé en Estepona
con mis padres. Mi hermano Luis no vino. Se quedó aquí en Madrid
haciendo un cursillo de ordenadores o no sé qué, y después se fue a Suiza
y a Italia con la tarjeta interrail.

En Estepona todo está igual que el año pasado. He visto allí a
Mari Nieves y a Pili y también a Paco, el de la moto. ¿Te acuerdas de él?
Se ha puesto guapo guapo. Toni ha vuelto de la mili. Virginia y él están
todavía de novios, aunque yo creo que la cosa va a durar poco.

Y a propósito de Paco, ¿sabes una cosa? A mí me parece que le
gustas. ¿No te ha escrito?

Bueno, Eva, voy a terminar esta carta. A ver si el año que viene
vuelves a Estepona. Todos nos acordamos mucho de ti y tenemos
muchísimas ganas de volver a verte.

Un abrazo muy fuerte de tu buena amiga

Julia

Escuche la cinta y conteste a las preguntas del libro de ejercicios.

5 ¡Buen viaje!

Escuche la cinta y conteste a las preguntas del libro de ejercicios.

- ¿Has oído? El tren de Barcelona está entrando por la vía 2.
- Sí, vamos. Allí enfrente está. A ver en qué vagón viene María Luisa.

- ¿Qué ha dicho? No he entendido nada.
- Ha dicho que el tren de Bilbao trae 25 minutos de retraso.

- Déme una hamburguesa, pero rápido, por favor. Tengo prisa. Mi tren sale dentro de dos minutos.

ANDEN 7

VIA 2
TREN TALGO
BARCELONA
LLEGADA 14.44

HAMBURGUESAS
BOCADILLOS
REFRESCOS

6 A ver si quedan plazas...

En la ventanilla número 8 de la estación de Chamartín una muchacha está rellenando un impreso para solicitar la tarjeta interrail.

Mientras ella está escribiendo los datos llega una pareja de
5 personas mayores con mucho equipaje.

– Pueden pasar ustedes primero si quieren. Yo voy a tardar un rato – les dice la muchacha.

– Muchas gracias – le contesta sonriendo el señor –. Por favor, déme dos billetes para Burgos, para el tren de las 15.40.

10 – ¿Ida y vuelta?

– No, sólo ida. Segunda clase. Fumadores.

– A ver si quedan plazas libres . . .

– ¿Hace falta reservar asiento?

– Sí, es un Talgo. A ver . . .

15 El empleado pulsa las teclas del ordenador. Todavía quedan asientos libres. Le entrega los billetes al señor.

– Son 3.632 pesetas en total.

– Tenga. No hay que cambiar de tren, ¿verdad?

– No, no, es directo.

La muchacha sigue escribiendo. En la cola, detrás de los paquetes y las maletas de la pareja, se ha colocado una señora de mediana edad.

🔲 Mire el horario, escuche la cinta y conteste a las preguntas del libro de ejercicios.

Avila — Madrid ▪ — Burgos — Miranda — ▪ Bilbao — Aranda

	Exp. 410 109	Trn. 2113	Trn. 2121	Elec- 65 175	Ráp. 806 5	Trn. 2123	TER 464 63	TALGO 353 153	Trn. 2119	Exp. 3 103	Exp. 7 107
Plazas asiento	2			1-2	1-2		1-2	1-2		1-2	
Cama o litera	🛏									🍷🛏	🍷
Restauración				🍷	✕		✕	🍷			
Particularidades	**1**		**3**	**B**	**2**		**C**	**A**	**3**	**D**	**D**
Madrid-Chamartín S.				8. —				15.40		22.55	23.35
El Escorial										23.44	
AVILA				9.33						0.47	1.27
Medina del Campo Ll.				10.19						1.46	2.26
Badajoz S.											
Cáceres					7.42						
Fuentes Oñoro											
Salamanca					12.26						
Medina del Campo Ll.					13.48						
Medina del Campo S.				10.20	14.03					1.54	2.39
VALLADOLID Ll. / S.				10.43 / 10.46	14.33 / 14.39					2.25 / 2.37	3.10 / 3.13
Venta de Baños	3.40			11.15	15.12		17.23			3.19	3.53
BURGOS Ll.	4.39			11.58	16.11		18.10	18.44		4.18	4.52
BILBAO-Abando Ll.	8.09	10.05	15.43	14.38	19.41	20.36	20.51	21.27	23.55	7.44	8.31

(Columna Exp. 3 103 / Exp. 7 107: COSTA VASCA)

1 Procede de La Coruña y Vigo (Itin. T-6).
2 Cáceres-Bilbao (Itin. T-13).
3 Procede de Logroño (Itin. T-108).

A Suplemento TALGO.
B Suplemento ELECTROTEN.
C Suplemento TER.
D Suplemento EXPRESO.

La estación de Chamartín, en Madrid, es una de las más modernas de Europa. RENFE significa Red Nacional de los Ferrocarriles Españoles.

7 Quisiera cambiar . . .

La señora se acerca a una de las ventanillas del banco de la estación. Le entrega un cheque al empleado.

El empleado	El carnet de identidad, por favor.
La señora	Espere . . . ¡vaya! No lo llevo. ¿Va bien con el permiso de conducir?
El empleado	Sí, sí. Escriba su nombre y firme al dorso, por favor. Así, muy bien.
El empleado	Mire . . . tres, cuatro y cinco mil.
La señora	¿Me quiere cambiar este billete de mil?
El empleado	¿En monedas de cien?
La señora	Sí, y déme algunas de cincuenta y de veinticinco, por favor.
El empleado	Tenga. Aquí tiene.
Un señor	Haga el favor de cambiarme estos mil pesos mexicanos.
El empleado	Muy bien.
El señor	Quisiera también cambiar este cheque de viaje de veinte dólares.
El empleado	Para eso vaya a la ventanilla de aquí al lado.

Billetes de banco de algunos países latinoamericanos (1984).

8 ¡Esto es un atraco!

Un niño Oiga, señora, ¿hay un banco por aquí cerca?

La dependienta ¿Un banco? Pues mira: baja por esta calle hasta la próxima esquina. Tuerce a la izquierda y sigue todo derecho hasta una pequeña plaza. Cruza la plaza, y allí enfrente hay un banco.

5 El viernes 9 de noviembre, a las 10 de la mañana, una pequeña sucursal del Banco de Vizcaya abrió sus puertas al público. La primera persona que entró fue un niño de unos 8 ó 10 años.

Se dirigió con pasos decididos a la ventanilla de información. La empleada le sonrió amablemente.

10 — ¿Puedo ayudarte? – le preguntó.

— ¿Es esto el banco? ¿Es aquí donde está el dinero?

— Aquí es, sí, pero ésta es la ventanilla de información. El dinero está allí enfrente, en la ventanilla de caja, ¿la ves? La número dos.

15 — ¿Seguro?

— ¡Seguro! – dijo la empleada –. Pero dime, ¿qué haces aquí? ¿Dónde están tus padres?

El niño no contestó. Se fue derecho a la ventanilla número dos. Sacó una pequeña pistola y apuntó con ella a la cajera, una

20 señora mayor, con gafas y pelo blanco.

— ¡Esto es un atraco! ¡El dinero! ¡En seguida!

La cajera tuvo que levantarse de su asiento para poder ver al niño al otro lado del mostrador. Cuando la pobre señora vio el arma se asustó mucho y, antes de poder reaccionar, le dio dos o tres billetes de mil pesetas.

El niño los cogió y corrió hacia la puerta. En un momento desapareció entre toda la gente de la calle.

La policía tuvo dificultades para identificarlo porque, como era tan pequeñito, la cámara del banco no pudo filmarlo. Lo encontraron, sin embargo, poco después en una cafetería del centro. Allí estaba el joven atracador. Estaba comiéndose, con cara de gran felicidad, una enorme hamburguesa doble especial.

Sobre la mesa, envuelta en una servilleta de papel, estaba el arma: una pistola de plástico.

9 En la comisaría

Entra una joven.

La joven	Buenas tardes.
El policía	Muy buenas, señorita. A ver, dígame. ¿Qué le ha ocurrido?
La joven	He perdido el bolso.
5 *El policía*	¡Vaya! ¿Y cómo ha sido?
La joven	Pues mire usted. Yo estaba en el cine Lope de Vega. Luego salí y, de repente, ya en la calle, me di cuenta de que no llevaba el bolso. Volví corriendo al cine a ver si estaba allí, pero no, no lo encontré.
10 *El policía*	¿Y cuándo fue eso?
La joven	Hace más o menos media hora.
El policía	¿Y qué había en el bolso? ¿Cosas de valor?
La joven	Pues tenía el monedero con unas dos mil pesetas, mi carnet de identidad, las llaves de casa ...
15 *El policía*	Espere usted. Un señor acaba de dejar aquí un bolso ... Su bolso, señorita, ¿de qué color era?
La joven	Marrón oscuro.
El policía	¿Su nombre ...?
La joven	Teresa Fernández Flórez.
20 *El policía*	Mire, señorita, tiene usted suerte. Aquí está su bolso.

Entra corriendo un señor muy excitado.

El señor	¡Es terrible esto! ¡Una verdadera vergüenza! Me han robado el coche. ¡Y ya es la segunda vez!
El policía	Cálmese, cálmese, por favor. A ver, . . . ¿dónde estaba?
25 *El señor*	¿Yo?
El policía	No, hombre, el coche.
El señor	Pues en la calle Cervantes, en el aparcamiento donde siempre lo dejo. Lo puse allí esta mañana, y cuando ahora por la tarde fui a recogerlo, ya no estaba. ¡Una vergüenza!
30 *El policía*	Bueno, mire, siéntese allí, rellene esta hoja y espere un momento. Pero cálmese, hombre, ¡que no es para tanto!

Después de un rato entra un joven, casi llorando.

El policía	Pero, hombre, ¿qué te pasa?
El joven	Que ha desaparecido mi mochila.
35 *El policía*	Bueno, bueno, vamos a ver. ¿Dónde ha desaparecido?
El joven	En la estación, en la sala de espera.
El policía	Ya. ¿Y cuándo ha sido eso?
El joven	Hace aproximadamente una hora. Eran las cinco y pico. Yo estaba allí en un banco leyendo un periódico. De pronto, me di
40	cuenta de que la mochila ya no estaba.
El policía	Y en la mochila, ¿qué había?
El joven	Todo mi equipaje, señor. Mi ropa, las sandalias, el saco de dormir . . . todo.
El policía	¿También tu pasaporte?
45 *El joven*	No, el pasaporte, la tarjeta interrail y la cartera con el dinero no.
El policía	¡Menos mal! Bueno, vamos a ver . . .

10 Recortes

¿Ladrón honrado?

El jueves de la semana pasada cuando Juan Donoso salió de su casa para ir al trabajo no pudo encontrar su coche. Alguien lo había robado. Juan tuvo que tomar el metro. Denunció el robo a la policía.

Al día siguiente por la mañana el coche estaba otra vez delante de su casa. Juan se alegró mucho, naturalmente. Dentro del coche encontró un magnífico ramo de rosas y, al lado de las flores, dos entradas para el teatro. Eran para uno de los mejores teatros de la ciudad. Juan Donoso pensó entonces que había ladrones honrados y que este ladrón era una buena persona.

Por la noche, él y su esposa fueron al teatro. Daban «Las bicicletas son para el verano», de Fernando Fernán Gómez. Les gustó mucho.

Juan Donoso y su esposa volvieron tarde a casa. Al entrar descubrieron con gran sorpresa que el piso estaba completamente vacío. Mientras ellos estaban en el teatro, el ladrón había entrado en su piso y se había llevado todo lo que había allí.

Escuche la cinta y conteste a las preguntas del libro de ejercicios.

Botín de 700.000 ptas.

ARENAS (VALENCIA). – Tres individuos armados con pistolas atracaron, ayer por la mañana, la Caja de Ahorros de Arenas, llevándose los documentos de identidad de los empleados y utilizando el coche de uno de ellos para huir.

El botín logrado por los delincuentes fue de unas 700.000 pesetas. A la salida de la población, se bajaron del vehículo que habían robado al empleado de la Caja y continuaron la huida en otro turismo que tenían aparcado.

La policía está interrogando a varios testigos que se encontraban en el lugar del atraco.

Algunos diarios españoles.

11 De nuestros lectores

Señor Director:

Acabo de regresar con mi marido y mis tres hijos de nuestras vacaciones en la costa, en una playa no lejos de Tarragona.

Para nosotros aquel lugar ha sido siempre un verdadero paraíso. Cuando los niños eran pequeños pasábamos los días enteros en la playa. Ellos jugaban a la pelota, hacían castillos en la arena y se bañaban (aunque entonces todavía no sabían nadar). El agua era clara y transparente.

Se puede decir que vivíamos en la playa. Allí comíamos casi siempre y allí era donde a todos nos gustaba estar. Aquello era realmente un verdadero paraíso.

Lo malo es que todo esto ha cambiado totalmente desde hace unos años por culpa de la contaminación del mar. Cuando los niños se bañan ahora, salen del agua sucios, con todo el cuerpo lleno de manchas de alquitrán y de otras porquerías por el estilo. El mar ya no está limpio, y tampoco lo está la arena.

Es una verdadera pena lo que está pasando en aquella linda playa.

Yo me pregunto: y el nuevo Gobierno, ¿qué hace? ¿No dijeron antes de las elecciones que iban a tomar medidas contra la contaminación? ¿Es que no pueden las autoridades hacer nada contra esto? Sé que no es fácil solucionar este problema, pero pienso que algo hay que hacer. ¡Y pronto!

Soledad Sánchez
(León)

Cartas al director

[R] Señor Director:

Escribo esta carta para expresar mi indignación y protesta por lo que ha ocurrido aquí en nuestra ciudad con la estatua de Franco que había en la Plaza del Ayuntamiento.

Hace ya algún tiempo, con motivo de unos trabajos que se hacían en esa plaza, la estatua del anterior Jefe del Estado fue retirada. Para mí — y para todos — fue una verdadera satisfacción ver que por fin desaparecía de nuestra vista la estatua de aquel general.

Cuando ahora, sin embargo, han finalizado los trabajos en aquella plaza, nos hemos encontrado con una desagradable sorpresa: el alcalde ha mandado colocar allí de nuevo la estatua.

¿Es que no se ha enterado todavía el señor alcalde de que los tiempos del franquismo, gracias a Dios, ya pasaron? La estatua de Franco en la Plaza del Ayuntamiento es ahora un recuerdo de mal gusto y me parece un insulto a nuestra ciudad y a toda la España democrática de hoy.

Alberto Bahamonde
(Valencia)

La caída de un caudillo.

12 ¿Quién ha escrito El Quijote?

Un alto cargo del Ministerio de Cultura manda a varios inspectores para comprobar el nivel de la enseñanza que se da en las escuelas.

Uno de ellos llega a un pueblo, y en una clase pregunta a un niño:

— A ver, dime ¿quién escribió «El Quijote»? El niño empieza a llorar y dice que él no ha sido.

El inspector se dirige entonces al maestro:
— Bueno, ¿cómo explica usted esto?
10 A lo que el maestro responde:
— Mire, yo conozco bien a este niño y a toda su familia, y le puedo asegurar que si él dice que no ha sido, es que no ha sido.

El inspector, muy sorprendido, va a hablar después con el director y le informa de lo ocurrido. El director le responde
15 entonces que aquel maestro lleva treinta años en la escuela, y si él dice que el niño no ha escrito «El Quijote», es que él no lo ha escrito.

Al borde del infarto el inspector vuelve a Madrid, va al Ministerio a ver a su jefe y le cuenta lo que le ha pasado. Éste se
20 enfada mucho, dice que aquello es intolerable, y le ordena:

— Vuelva usted inmediatamente a ese pueblo, investigue y no regrese a Madrid hasta enterarse bien de quién ha escrito «El Quijote».

® *La aventura de don Quijote y los molinos de viento*

Del buen suceso que el valeroso don Quijote tuvo en la espantable y jamás imaginada aventura de los molinos de viento.

En esto, descubrieron treinta o cuarenta molinos de viento que hay en aquel campo, y don Quijote dijo a su escudero:
— Ves allí, amigo Sancho Panza, donde se descubren treinta, o pocos más, desaforados gigantes, con los que pienso hacer batalla y quitarles a todos las vidas.
— ¿Qué gigantes? – dijo Sancho Panza.
— Aquellos que allí ves – respondió su amo – de los brazos largos.
— Mire vuestra merced – respondió Sancho – que aquellos no son gigantes, sino molinos de viento, y lo que en ellos parecen brazos son aspas.
— Bien parece – respondió don Quijote – que no estás cursado en esto de las aventuras; ellos son gigantes.
Y diciendo esto, dio de espuelas a su caballo Rocinante, y encomendándose de todo corazón a su señora Dulcinea, embistió con el primer molino que estaba delante...

Miguel de Cervantes, El ingenioso hidalgo Don Quijote de la Mancha (del capítulo 8)

13 De Iberia a América

El Bisonte de Altamira

La Península Ibérica está poblada desde hace muchos miles de años. Uno de los ejemplos más conocidos de la cultura de la Edad de Piedra son las pinturas de las cuevas de Altamira, en Santander.

La Dama de Elche

El nombre de la Península Ibérica hace referencia a los iberos. Este pueblo vivía en la península ya mil años antes de Jesucristo. La escultura conocida como «La Dama de Elche» es una prueba de su talento artístico.

El anfiteatro de Mérida

Durante la Edad Antigua, España fue una provincia del Imperio Romano. Por esto, en la península se hablaba latín.

El anfiteatro de Mérida es un monumento romano.

A principios del siglo V, se establecieron en España varios pueblos germánicos.

La Alhambra

Durante la Edad Media (aproximadamente desde el año 700 hasta el año 1500) vivieron en España musulmanes y cristianos, divididos en pequeños reinos independientes. La cultura árabe influyó mucho en los españoles, sobre todo en Andalucía, donde se encuentra el palacio de la Alhambra.

El Cid

A principios de la Edad Media la mayoría de los cristianos vivían concentrados en el norte del país. Durante siglos lucharon luego contra los árabes y poco a poco reconquistaron toda la Península. El Cid fue un héroe de la Reconquista.

Los Reyes Católicos

A finales del siglo XV los Reyes Católicos, Fernando e Isabel, lograron imponer el cristianismo y formaron un poderoso Estado con la unión de los reinos de Granada, Castilla, Aragón y Navarra.

Cristóbal Colón

Por estas fechas, Cristóbal Colón partió hacia la India y les descubrió a los europeos un nuevo continente: América. La lengua que Roma había llevado a España hacía más de quince siglos, pasó entonces al Nuevo Mundo.

¿Qué representa cada una de estas figuras?

Ⓡ **El nombre de América**

El nombre de América se debe al navegante italiano Amérigo Vespucci (1454–1512), que había realizado varios viajes al Nuevo Mundo. Sobre estos viajes escribió interesantes relatos, gracias a los cuales sus contemporáneos llegaron a creer que él era el verdadero descubridor de América. Parece que Vespucci fue el primero en darse cuenta de que las tierras descubiertas por Colón formaban parte de un continente nuevo. En un mapa publicado en 1507 aparece por primera vez el nombre de «América».

14 Colón y sus viajes

Cuando Cristóbal Colón nació, en 1451, se pensaba que la tierra era plana. Pero Colón comprendió temprano que, en realidad, era redonda. Por eso, para ir a la India por mar, no era necesario pasar por el sur de África.

Escuche la cinta y conteste a las preguntas del libro de ejercicios.

El día 3 de agosto de 1492 salió Colón del puerto de Palos, en Andalucía, con tres carabelas: la Santa María, la Pinta y la Niña. Iban con Colón 120 personas, entre ellas un médico, un cura, un abogado y un intérprete.

5 Llegaron a Canarias y allí estuvieron unos días. Luego salieron hacia el oeste. El viaje fue cada día más difícil. A fines de septiembre la tripulación empezó a protestar, pero Colón la calmó.

Poco después vieron en el mar indicios de la proximidad de
10 tierra: ramas de árboles, pájaros... El 12 de octubre un marinero divisó costa y pudo gritar finalmente: «¡Tierra!»

Llegaron entonces a una isla de las Bahamas, que Colón llamó San Salvador. Los españoles levantaron allí una cruz. Tres días se quedaron en esta isla y luego continuaron hacia el sur.
15 Pasaron por muchas otras islas y llegaron finalmente a Cuba, que Colón confundió con Asia.

A mediados de enero de 1493 Colón salió para Europa y llegó a Lisboa 47 días más tarde. Después volvió a Palos. Marchó luego por tierra a Barcelona, donde se encontraban los Reyes
20 Católicos. Colón les trajo de América a algunos indios, oro y unos loros. Los Reyes recibieron a Colón y prometieron ayudarle en más expediciones.

El 25 de septiembre del mismo año, Colón salió por segunda vez
para las Indias. Ahora llevaba 17 barcos con más de 1.500
25 personas, muchos nobles, curas, campesinos, soldados y
artesanos. En los barcos llevaban semillas, caballos y vacas.

En 1498 hizo su tercer viaje y en 1502 el cuarto.

Colón pasó los últimos años de su vida en España, enfermo y
solo. Murió en Valladolid el 20 de mayo de 1506.

30 Hasta su muerte Colón creyó que las tierras que había
descubierto eran parte de Asia.

Los europeos encontraron en América:	Los europeos llevaron a América:
la patata	el banano
el maíz	el arroz
el cacao	el trigo
el tabaco	el café
el tomate	la caña de azúcar
la vainilla	el caballo
el caucho	la vaca
el chocolate	el cerdo

LISBOA
3/3 1493
PALOS
3/8 1492

CANARIAS
12/8
9/9

BAHAMAS
12/10

CUBA
28/10

16/1 1493

HAITI 6/12

El nombre de Colón

pervive en el nombre de un país,
Colombia, y de varios pueblos y ciudades
de América. El 12 de octubre, fecha del
descubrimiento del Nuevo Mundo, es en
muchos países hispánicos una fiesta
importante.

15 El secreto

Un joven explorador norteamericano llegó un día a una aldea de la región amazónica. En esta aldea vivía una tribu de indios pacíficos. Muy pronto, el jefe de la tribu, un viejo de unos ochenta años, hizo amistad con el explorador. Un día el viejo
5 indio le dijo al explorador:
– Yo sé que has organizado una expedición a la selva y que quieres salir mañana. Pero escúchame ... Quédate en la aldea con nosotros. Esta noche empezará a llover fuerte y lloverá durante veinte días.
10 Si después hace buen tiempo – si quieres – yo iré contigo.

Aquella noche, tal como había dicho el viejo, empezó una horrible tempestad que duró veinte días. El joven explorador dio las gracias al jefe indio que le había salvado la vida.

A partir de entonces, antes de cada expedición, el explorador
15 consultaba a su amigo. Éste le pronosticaba siempre el tiempo con una exactitud increíble:
– Sí, podrás partir ...
– Hará buen tiempo durante quince días ...
– Hará mucho calor durante tres días ...
20 O:
– Habrá una tempestad ...
– Tendrás que esperar porque hará mal tiempo cinco o seis días.

Y cada vez, las predicciones del jefe indio se cumplían con
25 precisión.

El joven explorador estaba muy impresionado por la ciencia de su amigo, pero nunca le preguntó nada sobre su secreto.
– Será sin duda un viejo secreto indio, transmitido de generación en generación. Si yo le pregunto, él quizás se
30 enojará y nunca más me dirá nada.

Finalmente, después de seis meses, el explorador norteamericano tuvo que volver a su país. El día de su salida, el jefe indio lo llamó y le dijo:
– Eres un joven muy simpático y estoy muy contento de haber
35 podido ayudarte. Ahora me toca a mí pedirte un favor. Dentro de poco estarás en Nueva York. Allá, ¿podrás comprarme pilas nuevas para mi radiotransistor? Las que tengo están bastante gastadas y muy pronto no podré escuchar más las informaciones meteorológicas de la radio. Pronto vendrán otros exploradores y, con las pilas nuevas, podré ayudarles igual que a ti.

Reprinted by permission of D.C. Heath and Company.

Escuche la cinta y conteste a las preguntas del libro de ejercicios.

16 Los nuevos señores de América

Después del descubrimiento de América, muchos españoles cruzaron el Atlántico para explorar y conquistar aquellas tierras desconocidas.

Los conquistadores españoles encontraron en el Nuevo Mundo
5   algunos pueblos indios bien organizados que vivían en sociedades desarrolladas, como los aztecas (en México), los

Pasado y presente: indios guatemaltecos ante sus antepasados.

mayas (en Centroamérica y en el sur de México) y los incas o quechuas (sobre todo en los Andes de Ecuador, Perú y Bolivia).

Todos ellos fueron en poco tiempo dominados por los españoles.
Hernán Cortés y sus soldados sometieron a los aztecas y conquistaron México en 1521. A los incas los sometió Francisco Pizarro en 1534.

La colonia

A mediados del siglo XVI prácticamente toda América estaba ya en poder de los españoles. La excepción más importante fue Brasil, donde se establecieron los portugueses. La lengua de los colonizadores y la religión católica se extendieron rápidamente por aquellas tierras.

«La piedra del Sol», el calendario azteca, fue encontrada en 1790 en el lugar que hoy es el centro de la capital mexicana. La piedra, ahora sin los magníficos colores que tenía originalmente, pesa unas 12 toneladas y tiene un diámetro de 3,5 metros. Dice la leyenda que los aztecas necesitaron 52 años para hacer este calendario.

Los españoles que se trasladaron allá fueron en América la clase social dominante. Los nuevos señores de América
20 obligaron a trabajar para ellos a los indios y a los esclavos negros, que comerciantes de varios países europeos importaron desde África.

Las sociedades americanas cambiaron bruscamente: muchos indios murieron, otros huyeron de sus pueblos y el resto tuvo
25 que trabajar en los latifundios y las minas de los colonizadores para producir alimentos y algo que se podía enviar fácilmente a España: plata y oro.

Durante varios siglos, gran parte de América dependió política y culturalmente de España.

30 A principios del siglo XIX, los descendientes de los inmigrantes españoles nacidos en América, «los criollos», se rebelaron contra España. Después de varios años de luchas, lograron independizarse.

El líder venezolano Simón Bolívar y el argentino José de San
35 Martín fueron dos de los muchos héroes latinoamericanos que lucharon por la independencia del continente.

R

«Es una idea grandiosa pretender formar de todo el Mundo Nuevo una sola nación. Ya que tiene un origen, una lengua, unas costumbres y una religión, debería por consiguiente tener un solo gobierno. Mas no es posible, porque climas remotos, situaciones diversas, intereses opuestos y caracteres desemejantes dividen a la América.»

Simón Bolívar
Carta del 6 de septiembre de 1815

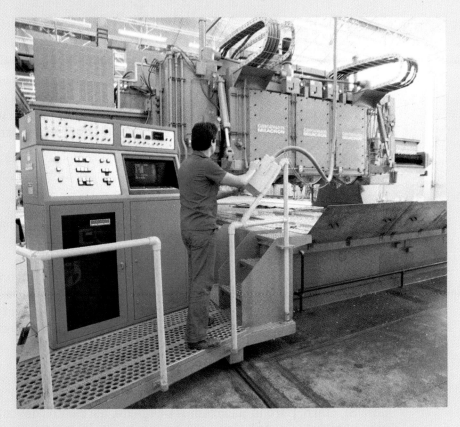

Las diferencias entre los diecinueve países en los que se habla castellano son enormes. En muchos de ellos hay zonas desarrolladas y en algunos hay modernos centros industriales y científicos comparables a los de los países más desarrollados del mundo.

Los nuevos estados

Al entrar en su nuevo período histórico, la antigua colonia se dividió en una serie de naciones, como México, Chile, Paraguay, Argentina y varias más. Todos estos países comenzaron entonces una época difícil en la que fueron frecuentes las revoluciones y las dictaduras.

Las condiciones de vida de la mayoría de los latinoamericanos no mejoraron mucho con la independencia.

Todavía hoy la riqueza está en general muy mal repartida. Hay muchos latifundios, y son grandes las injusticias políticas y sociales que sufre la población. Aunque a partir de mediados de este siglo en algunos países grandes como México y Argentina hay importantes centros industriales, América Latina es todavía un continente poco desarrollado y depende económicamente del exterior.

La población en algunos países crece muy rápidamente. Es muy difícil reducir el paro y el analfabetismo o solucionar la falta de viviendas y otros importantes problemas sociales.

17 ¿Una vida mejor?

Muchos mexicanos que no pueden encontrar trabajo en su país,
emigran al poderoso vecino del norte. En los últimos cien años
han emigrado legalmente más de 15 millones de mexicanos,
además de varios millones que lo han hecho ilegalmente.

5   En un café de San Antonio, un pueblecito polvoriento y casi
abandonado en el norte de México, hablan Raúl y Laura.

   Laura   ¿Te has decidido por fin, Raúl?

   Raúl   Sí, ya no lo pienso más. Me iré al norte, a California. Acá, ya lo
ves, es imposible ganarse la vida.

10 *Laura*   ¿Y no sería mejor irse a México?

   Raúl   ¿Qué haría yo en la capital? En México tampoco encontraría
trabajo, con el desempleo que hay allá. Me moriría de hambre.
En el norte sí, allá seguro que voy a encontrar algún trabajo, en
la lechuga quizás o en el algodón . . . Me quedaré allá unos
15   meses, y después volveré con algunos dólares.

   Laura   ¿Pero te vas a ir solo?

   Raúl   No, el otro día hablé con Víctor y me dijo que él iría conmigo.

   Laura   Tú sabes que es difícil pasar la frontera . . .

   Raúl   Sí, claro, pero la pasaremos de noche, así no nos descubrirán los
20   helicópteros de la Inmigración.

   Laura   Te deseo mucha suerte, Raúl. Pero cuidado: si los americanos te
agarran, te devolverán.

   Raúl   Bueno, pues si me agarran . . . entonces haré otro intento . . .

Triste final de una ilusión.

18 Hispanos

México, España, Argentina y Colombia son los cuatro países del mundo que tienen más población de lengua castellana. Pero, ¿cuál viene luego como número cinco? ¿Perú? ¿Venezuela? No, ¡los Estados Unidos!

5 Cuando uno viaja por California, Texas o Nuevo México, cuando uno visita Nueva York o Miami y entra en las tiendas y restaurantes o viaja en autobús o en metro, se oye el castellano por todas partes.

En los territorios que hoy constituyen el sur y el oeste de los 10 Estados Unidos (que México perdió en una guerra a mediados del siglo XIX), el castellano sigue siendo una lengua muy hablada.

El castellano va ganando terreno también en otras partes del país, gracias a la continua inmigración de mexicanos, 15 puertorriqueños, cubanos y de otros muchos latinoamericanos. Se cuenta con que a fines de este siglo habrá en los EE UU más *hispanics* (hispanos) que *blacks* (negros).

Para muchos hispanohablantes su lengua es la de la gente pobre, la de los marginados y oprimidos. Pero son muchos 20 también los que están orgullosos de ella y defienden su derecho a hablar el castellano.

Así cuenta un periodista europeo: Estoy en California. Paso en autobús por un barrio obrero de Los Ángeles. Voy sentado junto a un hombre que lleva a su hijo en brazos. El niño, que apenas 25 tendrá tres años de edad, habla ya con mucha soltura. Le comento esto al padre, que entonces me explica que es de México y que él quiere que su hijo hable siempre castellano. «No sabe ni una palabra en inglés» – añade orgulloso.

Joan Baez, popular cantante de raíces mexicanas.

Escuche la canción en la cinta.

19 Jungla de asfalto

Nadie sabe con exactitud cuánta gente vive en la ciudad de México. Lo que sí se sabe es que, aunque ya es la ciudad más poblada del mundo, sigue creciendo cada día con más de mil mexicanos que llegan de otras partes: nuevos ciudadanos que
5 intentan encontrar aquí medios para sobrevivir.

Una infinidad de vehículos atraviesa el laberinto de calles, avenidas, vías rápidas, paseos y plazas que forman la ciudad de México, D.F. Las señales de tránsito y los semáforos son una selva que muchos conductores prefieren ignorar...

10 En el año 2000, México será todavía la ciudad más poblada del mundo. Si no se toman medidas drásticas estará al borde del colapso. Tendrá más de 30 millones de habitantes. Habrá más de tres millones de vehículos...

¿Quiere examinarse?

– Quisiera sacar una licencia
15 para manejar.
o ¿Es la primera vez?
– Sí.
o ¿Qué documentos de identificación trae?
20 – Mi credencial del Seguro Social.
o Está bien, pero tendrá usted que
examinarse.
– Bueno.
o Pero, ¿cómo? ¿Usted quiere
25 examinarse?
– Pues... lo que se dice querer, no
quiero, pero usted me está
diciendo que tengo que hacerlo.
o Es que si no quiere usted
30 examinarse, tendrá que pagar
1000 pesos, más los 2000 de la
licencia.
– Bueno.
El señor paga los 3000 pesos.

México, D.F. con 18 millones de habi-
tantes, es la ciudad más poblada del
mundo. La avenida de los Insurgentes
se extiende por más de 40 kilómetros (1984).

35 o Pase a la sala de al lado.
    – Bueno.
    En la sala de al lado, una señora llena la solicitud del señor,
    y éste la firma.

    o Pase a la otra sala.
40 – Bueno.
    El señor pasa al examen médico. El oculista lee una revista
    mientras hace sus preguntas al aspirante a conductor.

    o Pase a la sala siguiente.
    – Bueno.
45 El señor pasa a la sala siguiente y allí le toman una fotografía
    en color. Pasa otra puerta y ahora le toman las huellas
    digitales. ¡Está lista la licencia!

    Una hora, cinco salas y 3000 pesos y ¡a la calle! O mejor dicho:
    a esa jungla de asfalto que es México, D.F.

20 México

México D.F.

Datos sobre México

Nombre oficial: Estados Unidos Mexicanos

Superficie: 1.973.000 kilómetros cuadrados

Población: 71 millones de habitantes

Capital: México, D.F. (= Distrito Federal), 18 millones de habitantes

Lenguas: Castellano, náhuatl, maya y otras

Exportaciones: Azúcar, algodón, café, gas, petróleo

Importaciones: Maquinaria, productos químicos, papel, vehículos

Moneda: El peso mexicano

De todos los países latinoamericanos, Brasil, México y Argentina solos tienen más de la mitad de la superficie y las dos terceras partes de la población total. Estos tres países producen juntos las tres cuartas partes del total de las
5 exportaciones latinoamericanas.

Se calcula que el 15 % de los habitantes de México son blancos, el 55 % mestizos y el 30 % indios. Los indios mexicanos, descendientes de los antiguos aztecas, mayas y otros muchos pueblos, hablan todavía más de 50 lenguas diferentes.

Agricultura, industria y turismo
10 México es un país con extensas zonas montañosas y secas. Gran parte de la población está concentrada en la Meseta Central, que es una zona con buen clima y condiciones muy favorables para la agricultura. Una buena parte de la población se dedica todavía a la agricultura, aunque la industria ha tenido un
15 desarrollo constante en los últimos decenios.

México es, además, un país rico en minerales y tiene una reserva petrolífera considerable. El turismo es otra actividad económica de importancia.

México fue, por sus minas de plata, uno de los centros más
20 importantes del imperio colonial español, y el país estuvo dominado por grandes terratenientes. Durante los años de la independencia los campesinos reclamaron tierras, pero no lograron prácticamente nada.

En el Golfo de México hay importantes reservas de petróleo. ▶

La revolución

Cien años más tarde, en 1910, estalló una violentísima revolución, en la que se destacaron líderes campesinos como Emiliano Zapata y Pancho Villa.

En los años 30 se llevaron a cabo importantes cambios en el país, como la nacionalización de los yacimientos de petróleo y una reforma agraria. Desde entonces gobierna en México el mismo partido político, el PRI (Partido Revolucionario Institucional).

La población de México aumenta muy rápidamente. La mortalidad infantil es relativamente baja. Casi la mitad de los mexicanos tienen hoy menos de 15 años. La necesidad de nuevas escuelas, nuevos hospitales y fábricas es, por lo tanto, enorme.

En los últimos años se ha desarrollado mucho la explotación de los abundantes recursos petrolíferos del Golfo de México y la industria mexicana en general. México es en muchos aspectos un país moderno con un sistema social avanzado.

Escuche la cinta y conteste a las preguntas del libro de ejercicios.

El algodón es un artículo de exportación muy importante.

En México la cultura indígena se mantiene viva.

21 Una llamada misteriosa

En la madrugada del 23 de febrero de 1978, unos trabajadores estaban abriendo el suelo en la ciudad de México para instalar unos cables eléctricos. Tropezaron entonces con una gran piedra que les impedía avanzar. Las obras se desarrollaban en
5 el cruce de las calles Guatemala y Argentina, a pocos pasos de la Plaza de la Constitución.

Aquel mismo día, a las nueve de la mañana, alguien que no quiso dar su nombre llamó por teléfono al Instituto Nacional de Antropología e Historia. Dijo que en la calle de Argentina
10 habían hecho un importantísimo descubrimiento, y que tenía que presentarse allí inmediatamente algún arqueólogo.

A aquellas horas nadie sabía nada de ningún descubrimiento, y en el Instituto no prestaron atención a aquella llamada.

Dos horas después, a las once, la misma persona volvió a llamar
15 para insistir en que era absolutamente necesaria la presencia de los arqueólogos en aquel lugar. Había aparecido allí algo – dijo – que nadie se esperaba.
– Precisamente hoy. ¡Fíjese qué coincidencia! – añadió la anónima voz antes de colgar.

20 Ante la insistencia de aquellas misteriosas llamadas, un arqueólogo se dirigió al lugar de las obras. Después de mirar y remirar durante un buen rato, llamó a otros colegas, que llegaron rápidamente. También ellos estuvieron durante horas estudiando y analizando aquel gran bloque de piedra. Antes de
25 terminar el día, todos estuvieron de acuerdo:

– Es Coyolxauhqui, la diosa de los cascabeles en las mejillas.

La noticia se extendió en seguida por toda la ciudad. Al día siguiente, la prensa y la televisión, los expertos, las autoridades, hasta el mismo Presidente de la República, todos
30 fueron a admirar la escultura de la vieja diosa azteca. Se trataba de una magnífica talla de piedra rosa de tres metros de diámetro. Una verdadera maravilla arqueológica.

– Es muy curioso esto – comentó uno de los arqueólogos –. Fue también un 23 de febrero, en 1525, cuando los españoles
35 mataron a Cuauhtémoc, el último emperador azteca. Precisamente el 23 de febrero. ¡Qué extraña coincidencia!

Nadie ha podido nunca explicar quién fue la persona que hizo aquellas llamadas. En México hay gente hoy que piensa que sólo hay una explicación: aquella anónima voz era en realidad la voz de la diosa misma . . .

Arquitectura azteca, colonial y mexicana en la Plaza de las Tres Culturas, en la ciudad de México (1984).

22 Gente

①

- Le presento a mi esposa.
- ○ Encantado.
- □ Mucho gusto.

②

- ¿Qué hora es, por favor?
- ○ Lo siento, no llevo reloj. Pero serán las siete y pico.

③

- Por favor, ¿le importaría acercarme el cenicero?
- ○ No, claro que no.
- No le molesta el humo,¿ verdad?
- ○ No, no, en absoluto.

④

- Oiga, ¿me podría prestar su programa?
- ○ No faltaba más. Tómelo.
- Muy amable, gracias.
- ○ No hay de qué.

(5)

- Perdone, ¿me podría indicar dónde están los servicios?
- Baje esta escalera y allí los encontrará a la derecha.
- Muchas gracias.
- De nada.

(6)

- Déme un paquete de Goya y una caja de cerillas, por favor.
- Tenga. Son 110 pesetas.
- Aquí tiene. Gracias.
- A usted.

(7)

- Perdone. ¿Esta entrada es suya?
- No, no es mía. No sé de quién será.

(8)

- ¿Va bien ese reloj?
- No sé, el mío se ha parado.

23 No sé qué hacer...

Profesor Ángel Pérez
Consultorio sentimental
El Correo Bogotano
Carrera 7ª/19–27
Bogotá

Estimado profesor:

Soy holandés, tengo 26 años y trabajo desde hace un año en una sucursal de una compañía holandesa aquí en Bogotá. Me gusta mucho mi trabajo y la ciudad, y tengo muchos
5   amigos bogotanos.

Tengo sin embargo un problema que no sé cómo resolver y quiero que usted me ayude con un buen consejo. Se trata de lo siguiente:

Hace unos meses conocí a una chica en una fiesta y desde entonces estoy locamente enamorado de ella. Hemos salido
10   juntos algunas veces y creo que también yo le gusto a ella. La chica tiene 19 años y vive con sus padres.

El problema es que sus padres no quieren que nos veamos, no quieren que vayamos juntos a ningún sitio ni tampoco
15   permiten que yo la visite en su casa.

Hace unos días la llamé por teléfono y contestó su hermano mayor. No me dejó hablar con ella. Me dijo que la familia no quiere que la llame ni que salgamos juntos.

¿Será porque saben que yo no soy católico? ¿O porque las costumbres de nuestros países son tan distintas? ¿Qué me
20   aconseja usted? ¿Me recomienda que le escriba? Espero que me conteste usted pronto, pues no sé qué hacer.

Un enamorado que no sabe qué hacer

24 Busco a alguien...

Enfermera, 28 años, 1,65, físico agradable y simpática, deseo relacionarme con caballero serio y formal. Es importante que sea un hombre cariñoso, comprensivo e inteligente. Pero sobre todo quiero que tenga total independencia familiar, que sea soltero y esté libre de compromiso, para que un día podamos quizás formar juntos un hogar feliz. Me gusta la música clásica y la vida hogareña.

Una que todavía cree en el matrimonio

Ingeniero, 53 años, 1,73, soltero. Soy muy aficionado a los deportes y juego al golf. Además colecciono sellos. Aunque tengo bastantes amigos, en el fondo me siento muy solo y abandonado. Por eso te busco a ti, una mujer de 30 a 40 años, para que me comprendas y me quieras. No es necesario que seas guapa, pero sí deseo que seas inteligente, culta y que tengas una gran sinceridad conmigo.

Amistad profunda

Me aburre la soledad. Una amiga me ha dicho que envíe una carta a esta sección «Busco a alguien» y tengo un poco de miedo porque no creo que nadie me escriba. Deseo conocer a gente que viva en Sevilla o cerca, en los alrededores. Necesito a alguien que tenga paciencia y sentido del humor. Mis intereses: me gusta bailar y escuchar música moderna.

Un alma insegura

Escuche la cinta y conteste a las preguntas del libro de ejercicios.

Voy a contarte

Voy a contarte
en secreto
quién soy yo,
así,
en voz alta
me dirás
quién eres,
en qué taller trabajas,
en qué mina,
cómo te llamas,
dónde vives,
calle y número,
para que recibas
mis cartas,
para que yo te diga
quién soy
y dónde vivo...
Pablo Neruda

«Dime con quién andas y te diré quién eres.»

25 Cuando yo sea grande

Cuando yo sea grande me compraré un carro último modelo y haré una casa junto al mar. Me pasearé en mi carro cuando salga del trabajo.

5 Buscaré una compañera que me haga de comer, me lave y me planche; pero nunca la dejaré que no más esté lavando y planchando y haciendo comida: la voy a sacar a pasear en el coche. La llevaré a los mejores restaurantes, para que nunca tengamos disgustos entre ella y yo, para que siempre haya felicidad y mucha alegría en mi casa y, por supuesto, de ella
10 también.

Y cuando tengamos hijos seré el hombre más feliz del mundo. Viajaremos a Disneylandia y a México y a otros lugares del mundo. Iré a ver a mi madre, mis hermanos y mis abuelitos, y a mis tíos y tías, y haré feliz a mi esposa y a mis hijos e hijas.

15 Pero nunca seré egoísta como mi padrastro: nos pegaba, compraba cosas y no nos daba, la pegaba a mi madre. Andaba con otra señora, y a la hora de la comida él comía primero y nos dejaba puras sobras.

Mi madre ha sufrido, pero cuando sea grande la ayudaré con la
20 comida, los gastos y juguetes para mis hermanos más chicos. Pero que también trabaje mi hermano mayor y que también coopere para hacer feliz a mi madre.

Gustavo Ignacio Mayoral Romero, 10 años.
Bahía de Tortugas, Baja California Sur.

26 Resérvenme...

Hamburgo, 15 de mayo de 1985

Hotel Colón
Avenida Reyes Católicos, 4
Cádiz

Estimados señores:
      Les agradeceré que me reserven una habitación individual con baño y desayuno desde el 16 al 30 de julio, ambos inclusive. Si puede ser, deseo que el cuarto dé a un patio interior o a una calle tranquila.

      Les ruego me confirmen la reserva lo antes posible, y que me digan si aceptan animales en el hotel, ya que tengo la intención de ir con mis dos perros.

      Les saluda muy atenta y cordialmente,

Sandra Schulz

R

HOTEL COLÓN
Avenida Reyes Católicos, 4, Cádiz

Cádiz, 25 de mayo de 1985

Distinguida señora:
      Tenemos el gusto de confirmarle que le hemos reservado la habitación que usted nos ha pedido, una individual que da a una calle tranquila. Nos complacerá mucho recibirla a usted el día 16 de julio.

      Sin embargo, sentimos vernos obligados a comunicarle que no nos es posible aceptar animales.

      Sin otro particular, aprovechamos esta oportunidad para saludarla muy atentamente,

Manuel García Pérez
Jefe de Recepción

CANCELEN RESERVA STOP SALUDOS SCHULZ

27 Urbanización La Palmera

VACACIONES EN LA PLAYA

Urbanización La Palmera
Precios módicos
Apartamentos de 2 habitaciones: 21.700 pesetas/semana
Apartamentos de 3 habitaciones: 24.100 pesetas/semana

Todas las comodidades, y la mayoría de los apartamentos con vista al mar.

Reserve su plaza hoy mismo.

Llamar al teléfono: 37.19.63 de 5 a 8 tardes o escribir a Apartado de correos 2232, Las Palmas de Gran Canaria.

INFORMACIÓN A LOS SEÑORES HUÉSPEDES

- Las cocinas de la urbanización funcionan con bombonas de gas butano. Les rogamos lean las instrucciones sobre su uso, que encontrarán en la puerta de la cocina.

- Los lunes tiene lugar el cambio de sábanas, toallas, paños de cocina, manteles y servilletas. Les agradeceremos que depositen la ropa usada en la cesta que encontrarán en el armario ropero.

- Si algo no funciona bien, por favor, no lo arreglen ustedes mismos. Avísennos y les enviaremos a uno de nuestros empleados.

- En el plano adjunto encontrarán ustedes marcados los lugares donde se encuentran el supermercado, nuestra oficina y otros servicios de la urbanización. Es bueno que sepan que los domingos y días festivos nuestra oficina está cerrada.

- Es importante que entreguen ustedes las llaves del apartamento el día de su salida definitiva.

La Dirección de la URBANIZACIÓN LA PALMERA desea que pasen ustedes unas agradables vacaciones en este apartamento.

 Escuche la cinta y conteste a las preguntas del libro de ejercicios.

Algo no funciona

El señor Álvarez	Oiga, ¿es la oficina de La Palmera?
Una señora	No, señor, se ha equivocado de número.
El señor Álvarez	Usted perdone.
	. . .
El señor Álvarez	¿La Palmera?
5 *Una empleada*	Sí, señor, diga.
El señor Álvarez	Mire, estamos en el apartamento 32 A. Resulta que la ducha no funciona. No sale el agua caliente.
La empleada	¿Cómo que no funciona? Si acabamos de arreglarla hace un par de días. ¿Ha abierto bien los grifos?
10 *El señor Álvarez*	Señora, por favor, ¿qué cree? Claro que sí. Tiene que ser algo del calentador . . .
La empleada	Pues espere un momento . . . Mire, ahora pronto subirá el fontanero.
El señor Álvarez	Ah, podría usted pedirle que nos traiga un rollo de papel higiénico . . . y unas perchas. En el armario hay sólo tres.
15 *La empleada*	Papel higiénico y perchas. Muy bien. La camarera lo llevará en seguida. No tardará.

28 Las Islas Canarias

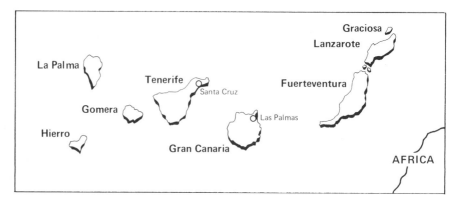

El archipiélago canario, colonizado por los españoles en el siglo
XV, está situado muy cerca del trópico, a 115 kilómetros de la
costa de África.

La mayor parte de las islas está formada por unas rocas de color
5 oscuro, material volcánico que se ha enfriado.

Calor y nieve
El clima es templado y seco. La temperatura es bastante alta
casi todo el año y llueve poco, sobre todo en el sur. Las tierras
que están en el norte son más húmedas y allí la flora es muy
rica y variada. En las montañas elevadas hay nieve.

10 La agricultura y la pesca son las actividades económicas más
importantes de las islas. Entre los cultivos destacan el plátano,
el tomate (que se puede cosechar todo el año), la patata, frutas
tropicales y plantas industriales, como el tabaco.

Desde hace varios decenios el turismo ha sido una importante
15 fuente de ingresos. Pero, en cambio, hay pocas industrias.

Playas famosas
La isla más poblada es Gran Canaria. Su capital, Las Palmas,
es una de las diez ciudades españolas que tienen más población.
Gran Canaria tiene algunas playas de fama internacional,
como por ejemplo Las Canteras, en la capital, y Maspalomas, en
20 el sur. El interior de la isla es muy montañoso.

Tenerife es la isla más extensa y montañosa del archipiélago.
En el centro se levanta, hasta los 3.710 metros, el Teide, la
montaña más alta de España.

La Palma, Gomera y Hierro son también montañosas.
25 Lanzarote y Fuerteventura son más llanas y las menos
pobladas.

El punto más elevado de las Islas Canarias es el Teide, en Tenerife.

La ciudad de Santa Cruz, en Tenerife, es la segunda ciudad de las Canarias.

El burro: un medio de transporte práctico y barato.

Diálogo

– ¿Sabes por qué se llaman Islas Canarias?
○ Sí, porque hay muchos pájaros canarios.
– No, por los perros.
○ ¿Quéee? ¿Por los perros?
– Sí, en latín perro se dice «canis». En las islas antes había muchos perros y por eso se llamaron Islas Canarias, «las islas de los perros».

29 Cultura viva

A finales de los años 70 busqué en el mapa un lugar apartado de la civilización para pasar mis vacaciones. Entonces me interesaba mucho por la ecología.

Me decidí por un puntito del archipiélago canario, al norte de Lanzarote: la isla Graciosa. 800 habitantes, un par de volcanes apagados, lava, arena y medio millar de cabras. «¡Ni coches ni televisores!» – pensé entusiasmado.

Pocos días más tarde me encontraba allí sentado en una silla de paja, fuera del bar, en una plazuela de Caleta de Sebo, pequeña población de la isla. Un grupo de ancianos estaba a mi lado leyendo «La Provincia», el único ejemplar del único periódico que llegaba a la isla cada día.

– ¡Qué maravilla! – exclamé dirigiéndome a ellos –. ¡Qué tranquilidad!
– De eso sí que no nos falta, señor – contestó el que parecía tener más edad.
– Y buena salud tampoco, ¿eh? – les dije –, que he leído que aquí la gente vive muchos años.
– Pues es verdad. No creo que ninguno de los que estamos aquí tenga menos de ochenta años – dijo el viejo.
– Quizás sea porque no tenemos ni médico ni cura – dijo otro, y todos se echaron a reír.

Un pastor con un rebaño de cabras subía una colina a lo lejos.
– Es raro que haya tantas cabras aquí, en un lugar tan árido – dije –. ¿Hay muchos pastores?
– No, señor – me contestó el más viejo –. Aquél que se ve allí es el único, y se jubilará dentro de medio año. Durante mucho tiempo aquí fuimos todos pastores. Pero las cabras acabaron con la vegetación. Mi padre, que llegó hace un siglo, fue uno de los primeros habitantes de la isla. Entonces esto era un vergel. Ahora, en cambio, casi todos vivimos de la pesca.
– ¿Y sacan ustedes mucho? – le pregunté.
– Sí, el pescado abunda aquí, y no creo que haya otro mejor – dijo –. Es necesario que pruebe usted un mero o unas sardinillas... y ya me dirá...

Yo estaba encantado. El cielo azul, la brisa del mar, el canto de los pájaros... Y sobre todo, aquella cultura viva y sin influencias exteriores...

En el campanario de la iglesia sonaron lentamente seis campanadas. Los viejos se levantaron todos entonces y comenzaron a marcharse a toda prisa.

– ¡Las seis ya! – dijeron –. ¡Vamos!

– ¿Qué pasa? – pregunté –. ¿Adónde van? ¿Hay una fiesta? ¿Algún baile?

45 – ¡No, no, nada de eso, qué va! – me contestó uno sin detenerse–. Nos vamos a casa a ver esa serie «Dallas». Nadie quiere perdérsela, y como la tele del bar no es en color...

Es necesario proteger a los «peces pequeños» ...

30 ¿Qué nos recomienda?

 Escuche la cinta y conteste a las preguntas del libro de ejercicios.

Entra un señor y una señora. Llega el maître.

El maître Buenas tardes. ¿Pueden esperar un ratito? No hay ninguna mesa libre.

El señor Hemos reservado una mesa para las nueve y media.

5 El maître Ah, ¿a nombre de quién?

El señor Blanco.

El maître Ah sí...era para dos personas. Por aquí, es la mesa redonda del rincón. Les traigo la carta en seguida.

RESTAURANTE · BAR CASA PEPE

MENÚ DEL DÍA 700 PESETAS

1. Entremeses
   Escalope milanesa
   Postre

2. Ensaladilla rusa
   Pollo con guarnición
   Postre

3. Zumos de fruta
   Merluza a la romana
   Postre

4. Gazpacho andaluz
   Chuleta de cerdo
   Postre

Vino, cerveza o agua mineral. Servicio e impuestos incluidos

Entremeses y sopas

Entremeses	210
Ensalada mixta	240
Jamón serrano 100 grs	675
Salchichón, chorizo	245
Sopa de ajo con huevos	190
Gazpacho andaluz	215

Carnes

Filete de ternera	650
Escalope con guarnición	875
Pollo al ajillo	320
Cordero asado	550

Pescados

Gambas a la plancha	500
Calamares a la romana	440
Merluza a la plancha	700
Lenguado frito	600

Huevos y tortillas

Tortilla de patatas	350
Huevos fritos	325

Arroz

Paella (mínimo dos raciones)	450
Arroz a la cubana	320

Legumbres

Judías verdes	220
Guisantes	200
Patatas fritas	180

Postres

Flan	235
Melocotón en almíbar	330
Helado	270
Pijama	300
Fruta del tiempo	330

Bebidas

Vino de la casa	200
Paternina Banda Azul	325
Paternina Banda Dorada	325
Cerveza mediana	60
Agua mineral (con o sin gas)	60
Sangría	200

Horas de servicio: Almuerzo de 1^{00} a 4^{00} – Cena de 8^{00} a 12^{00}

Hay libro de reclamaciones.

Calle de Jesús, 18, Málaga • Teléfono: 123 45 67

>	Llega un camarero.
10 *El camarero*	Señores...
El señor	Un momento... a ver, ¿qué nos recomienda?
El camarero	¿Desean alguna entrada?
La señora	A mí me apetece algo ligero.
El camarero	El gazpacho es muy bueno.
15 *La señora*	¿Es de lata o natural?
El camarero	Aquí todo es natural, señora.
La señora	¿Sí? Está bien. Un gazpacho entonces. ¿Para ti también, Luis?
El señor	Sí, también yo.
La señora	¿La merluza es congelada?
20 *El camarero*	No, fresca. Del Cantábrico. Está excelente.
El señor	Bueno, yo prefiero carne. Un filete de ternera con patatas fritas.
El camarero	¿Para beber?
El señor	Tráiganos algún Rioja... una botella de Paternina.
25 *La señora*	Y media botella de agua mineral sin gas, por favor.
El camarero	Muy bien, dos gazpachos, una merluza, una ternera, una botella de Paternina y media sin gas...

| El señor | Voy a pedir otro cuchillo. Éste no sirve. No corta. |
| La señora | La merluza está estupenda. |
30 El señor | Sí, dicen que la del Cantábrico es la mejor de España. La ternera está buenísima, aunque quizás esté un poco sosa. Acércame el salero. |
| La señora | Mejor sosa que demasiado salada. Toma. |
| El señor | Eso sí. |
35 La señora | ¿Por qué no pides también más agua? |

El señor	¿Podría traernos otra botellita de agua mineral, por favor?
El camarero	En seguida, señor. Y de postre, ¿qué toman?
La señora	No, gracias, postre no. Tráigame sólo un cortado.
El señor	Para mí un café solo doble. Y dénos la cuenta, por favor.
40 | Tenemos prisa. Es que vamos al cine. |

El señor está mirando la cuenta.

El señor	Oiga . . ., perdone, pero me parece que se han equivocado.
El camarero	A ver . . .
El señor	Mire, aquí pone «licores, 450», debe de ser un error.
45 El camarero	Tiene usted razón. De verdad que lo siento muchísimo.
El señor	No faltaba más. Todos podemos equivocarnos.

Escuche la cinta y conteste a las preguntas del libro de ejercicios.

31 El regalo de Navidad

Ramón Sotelo es médico de cabecera de un comerciante que se llama Carlos Pereda. Una vez por Navidad, Pereda le regaló al médico una espléndida cesta con dos botellas de champán, un jamón serrano auténtico, cinco barras de turrón, una caja de puros y una botella de whisky escocés.

El médico llega a casa con la cesta.

Su esposa	¿De dónde has sacado esa cesta?
Él	Es un regalo. Nos la ha regalado el señor Pereda.
La esposa	Tenemos ya demasiadas cestas. Se la podemos enviar a los Ibáñez. Ellos nos han hecho muchos favores.
Él	Bueno, pero podemos sacar antes la botella de whisky.

La hija de los Ibáñez entra en el comedor con la cesta.

El Sr. Ibáñez	¿Qué es eso? ¿Una cesta de Navidad?
La hija	Es un regalo para ti y para mamá. Os la envía el señor Sotelo.
El Sr. Ibáñez	Estupendo. Yo tengo que hacer forzosamente un regalo al farmacéutico. Se la podemos regalar a él. Así nos ahorramos comprar una nosotros.
La Sra. de Ibáñez	Bueno, pero podemos sacar antes las botellas de champán.

Los Ibáñez se quedan con las botellas de champán y envían la cesta al farmacéutico. Al farmacéutico le gustan mucho los puros y los que hay en la cesta son habanos de la mejor calidad. Saca los puros y luego envía la cesta con el jamón, el turrón y una tarjeta muy bonita...¡ al doctor Sotelo!

La señora de Sotelo recibe la cesta.

La Sra. de Sotelo	Mira, Ramón, han traído otra cesta.
El doctor Sotelo	¿Qué trae? A ver...
Ella	Un jamón serrano y cinco barras de turrón.
Él	Pero, si esta es la cesta que yo le envié al señor Ibáñez. ¿De dónde la habrá sacado el farmacéutico? Mira, el sinvergüenza se ha quedado con el champán y los puros...

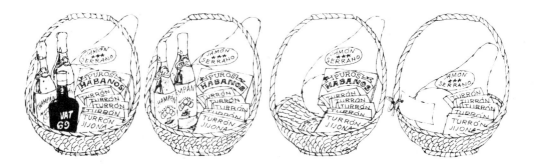

32 Fiestas

Las más importantes fiestas en muchos lugares son quizás las de Navidad. En España se monta un belén en los hogares, se reúnen las familias y los amigos, se come turrón, se cantan villancicos...

5 En algunos países, como en España, los Reyes Magos llevan regalos a los niños el día 6 de enero. En otros, lo hace el día 24 ó 25 de diciembre el Niño Jesús o el Papá Noel (en Venezuela y Colombia), o bien el Viejito Pascuero o Santa Claus (en Chile). En Cuba, oficialmente, no se celebra la Navidad y los
10 niños reciben regalos de sus padres el primer domingo de julio, Día de los Niños.

Escuche el villancico en la cinta.

Un belén con la Virgen, San José y el Niño Jesús en una calle de La Paz, Bolivia.

La Feria de Sevilla se celebra en abril.

En España se celebran además otras muchas fiestas populares. Algunas, como las Fallas de Valencia y la fiesta de San Fermín, atraen a miles de turistas.

15 En Pamplona se celebra entre el 7 y el 20 de julio la fiesta de San Fermín. La ciudad se llena de gente de todo el mundo, que viene a ver los encierros. Los toros, antes de llegar a la plaza, pasan por las calles, detrás de la gente que corre. Casi todos los años alguien pierde la vida.

Fiesta de San Fermín: el encanto del peligro.

20   El mismo bullicio, pero con menos peligro, encontramos en las
      Fallas de Valencia, el día de San José (19 de marzo). Se celebra
      la llegada de la primavera, con un carnaval y con gigantescas
      hogueras. Se queman las Fallas, monumentos llenos de
      fantasía, que se han construido con mucho trabajo durante el
25   año.

Fallas de Valencia.

En México, a principios de noviembre, se celebra la fiesta de los
Muertos. La muerte no es aquí una figura oscura y trágica. Al
contrario. Las calaveras se ponen el sombrero y se divierten
como pueden. Por ejemplo, tocando alguna alegre canción
mexicana.

 Escuche la canción en la cinta.

¡Música maestro! En México el Día de los Muertos es un día alegre.

33 Se habla castellano . . .

En un pueblecito de la costa cantábrica, al lado de la carretera general, hay una pequeña taberna con este letrero: «Aquí se hablan todas las lenguas».

Entra un cliente y pide, en alemán, una botella de vino del país.
5 Como nadie parece entender lo que dice lo vuelve a decir en inglés y finalmente se ve obligado a hacerlo en francés. Nada. El tabernero no entiende una jota.

– Pero,¿no pone en el letrero que hablan ustedes todas las lenguas? – pregunta sorprendido otro cliente.

10 – Sí, señor – contesta el tabernero – y es la pura verdad. Pero son nuestros clientes quienes hablan todas esas lenguas.

... con gestos

No se puede entrar. Lo siento.

¡Ojo! ¡Cuidado!

¡La playa estaba así!

¡Venga usted!

... en Bogotá, Colombia

En un bar el camarero le indica una mesa a un madrileño.

El madrileño	Muchas gracias.
El camarero	¡A la orden, señor! ¿Qué le provoca?
15 El madrileño	Déme un tinto, por favor... y un bocadillo.
El camarero	Ahoritica, señor.

Al cabo de unos minutos, el camarero vuelve con una tacita de café solo y un dulce seco de guayaba.

El madrileño	Perdone, esto no es para mí, ¿verdad?
20 El camarero	Sí, señor, es para usted.
El madrileño	Pero le he pedido un vaso de vino tinto y pan... En España...
El camarero	¡Ah! Si en España no saben lo que es un tinto y un bocadillo...

... en Buenos Aires, Argentina

Dos jóvenes se encuentran en un colectivo.

Martín	¿Qué hacés, pibe? ¿Cómo andás?
25 Juan	Bien. Y a vos, ¿cómo te va?
Martín	Mirá, che, yo ando un poco mal. Fijate que no me dejan hacer el servicio militar.
Juan	¿Y de qué te quejás, viejo? A mí me rechazaron por pies planos y estoy muy contento.
30 Martín	Pero, varón, escuchame. Yo quiero seguir después del servicio militar para policía y, si no hago el servicio, no puedo ser policía.
Juan	Che, y ¿por qué no seguís en la Facultad?
Martín	No, macho, yo toda mi vida quise ser policía.

Buenos Aires: la Casa Rosada de noche.

34 Tertulia en París

En la terraza del bar «Chez Pierre», en París, todas las tardes, antes de la cena, un grupo de latinoamericanos exiliados tienen una tertulia. A veces llegan con algún amigo francés.

5 Por lo general suelen hablar de política, y acaban casi siempre discutiendo el destino de Latinoamérica.

El grupo parece ser siempre el mismo. Sin embargo, las personas cambian: algunos vuelven a su patria cuando cae una dictadura, y siempre llega gente nueva.

Roberto   Yo recibí varias amenazas anónimas, por carta y por teléfono.
10   El último año en Buenos Aires me sentí muy mal. Por eso preferí venirme a Europa.

Juana   A mi primo, que era peronista, lo despidieron de su trabajo por cuestiones políticas. Durmió dos noches en nuestra casa. La tercera noche me pidió el auto y salió para encontrarse con unos
15   amigos. Desde la ventana vimos a dos tipos con pinta de matones. Iban en un Volkswagen sin matrícula. Lo siguieron. Mi primo no volvió nunca más. Más tarde sonó el teléfono y una voz femenina nos advirtió que lo habían detenido.

André   *C'est terrible!* ¡Qué animales!

20 *Juana*   Sospechamos que murió aquella misma noche. Mi tío pidió explicaciones a la policía. ¿Cómo podían aquellas dos personas circular por el centro de Buenos Aires en un auto sin matrícula? Pero, claro, como era de esperar, ni siquiera le contestaron.

25 *Ana*   Así es cómo se eliminaba en Argentina a los enemigos del gobierno. Así desaparecieron miles y miles de personas.

Roberto   La gente, a pesar de todo, seguía manifestándose contra el gobierno. ¿Pero de qué sirvió? Todo siguió igual durante años...

30 *Ana*   ¡Hombre! Mira las «Madres de la Plaza de Mayo», aquellas madres de los desaparecidos que todos los jueves se manifestaban en la Plaza de Mayo, frente a la Casa Rosada. En poco tiempo se convirtieron en un arma eficaz contra el gobierno...

35 *Juana*   Y al final el gobierno se vio obligado a permitir elecciones democráticas...

La voz de un muchacho que se acerca al grupo los interrumpe:

Domingo   ¿Se enteraron ustedes que hubo un golpe de estado en mi país?

Ana   ¿Qué decís? ¿Cómo un golpe? ¿Cuándo fue?

40 *Domingo*   Lo supe hace un momento. Lo dijeron en la tele.

Ana   ¡Vamos, esto hay que celebrarlo!

35 Argentina

Datos sobre Argentina

Nombre oficial: República Argentina

Superficie: 2.767.000 kilómetros cuadrados

Población: 28 millones de habitantes

Capital: Buenos Aires, 10 millones de habitantes

Lengua: Castellano

Exportaciones: Cereales, carne, lana, pieles y cueros, vinos

Importaciones: Maquinaria y vehículos, hierro y acero, papel, productos químicos

Moneda: El austral argentino

En las Pampas argentinas hay mucho ganado vacuno. Argentina es el país productor de carne más importante de América Latina.

Argentina es el país de lengua castellana de mayor extensión. Tiene una superficie algo mayor que México y España juntos. Sin embargo, es un país poco poblado.

Argentina es un importante país agrícola y ganadero. Aquí se encuentran tierras de gran fertilidad, como las famosas Pampas.

Carne y trigo

El país es uno de los primeros productores del mundo de carne y trigo, y tiene otros muchos cultivos. Produce vinos excelentes y cuenta además con petróleo, carbón, hierro y otros minerales.

Antes de la llegada de los españoles, vivían en estas tierras varias tribus indígenas, pero estuvieron siempre poco pobladas.

Desarrollo económico

A partir de finales del siglo XIX, Argentina exportó a Europa grandes cantidades de lana, carne y cereales. Como había mucho trabajo, miles de europeos – españoles e italianos sobre todo – emigraron allá. Entre 1850 y 1930 llegaron unos cinco millones de personas. En Argentina tuvo lugar entonces un enorme desarrollo económico y el país conoció una época de esplendor.

En Córdoba, en el norte de Argentina, se fabrican aviones.

La crisis económica de los años 30 de este siglo fue desastrosa
20 para Argentina, que vivió a partir de entonces varias
dictaduras militares.

El régimen de Perón

Los años 40 estuvieron dominados por la figura de Juan
Domingo Perón y su esposa Eva Duarte («Evita»). Durante la
Segunda Guerra Mundial, Argentina conoció nuevamente unos
25 años de esplendor. Pero la economía empeoró luego muy
rápidamente, y en 1955 un golpe militar acabó con el régimen
de Perón.

Para muchos argentinos Evita Perón sigue siendo un símbolo nacional.

Eterna en el alma de su Pueblo

Escuche a «Evita» en la cinta.

La situación económica y social siguió cada vez peor durante los
años 60. Siguieron varios gobiernos militares interrumpidos
30 por un corto gobierno de Perón (1973) y, tras su muerte, el de su
segunda esposa María Estela Martínez de Perón («Isabelita»),
presidenta de 1974 a 1976.

Graves problemas

Desde 1976 hubo nuevos gobiernos militares, que no supieron
solucionar los problemas: dependencia tecnológica del exterior,
35 una inflación que a veces pasaba del 500 %, paro, huelgas. En
todo el país aumentó entonces mucho la violencia, y la
represión obligó a cientos de miles de argentinos a exiliarse.

Unos años más tarde, en 1983, se celebraron elecciones
democráticas y los militares dejaron el poder a los civiles.

Receta

para fabricar un argentino medio

Tomar por orden:
una india ancha de caderas,
dos caballeros españoles,
tres gauchos bien mestizos,
un viajero inglés,
medio pastor vasco
y una pizca de esclava negra.

Dejar cocer lentamente durante tres siglos. Antes de servir, agregar de golpe:
cinco tanos (italianos de sur),
un judío polaco (o alemán, o ruso),
un hotelero gallego,
tres cuartos de tendero turco,
así como una francesa entera.

No dejar reposar sino unos cincuenta años.

El mate es una especie de té que se toma en Argentina, Paraguay y Uruguay. Con la bombilla, que generalmente es de plata, se sorbe el mate, que está en la calabaza.

⊞ *El gaucho*

Ya desde el siglo XVI, el gaucho vivía de las reses sin dueño que había en las extensas llanuras de la pampa. Vestido con botas, poncho y sombrero, montaba a caballo mejor que nadie y era experto en el manejo del lazo y las boleadoras.

> «Cinco años habían pasado... Cinco años de esos hacen de un chico un gaucho, cuando se ha tenido la suerte de vivirlos al lado de un hombre como el que yo llamaba mi padrino. Él fue quien me guió pacientemente hacia todos los conocimientos de hombre de pampa. Él me enseñó los saberes del resero, el manejo del lazo y las boleadoras, la difícil ciencia de formar un buen caballo...»
>
> *Ricardo Güiraldes, Don Segundo Sombra*

36 La cuna del tango

En los barrios de las afueras de Buenos Aires, entre los inmigrantes desarraigados, nació el tango. Este baile erótico, melancólico, de ritmo violento, se convirtió con el tiempo en un símbolo de Argentina y se extendió por todo el mundo.

5 El cantante y compositor de tangos más famoso de todos los tiempos es sin duda Carlos Gardel. Nació en Francia en 1890 y llegó con su madre a Argentina cuando tenía dos años de edad. A los 18 años se ganaba la vida cantando en los cafés de Buenos Aires y fue descubierto muy pronto por el gran público.

10 A los 25 años era ya famoso en todo el mundo. Su vida fue breve. En 1935 murió en un trágico accidente de aviación, pero entonces era ya una leyenda.

Una de sus melodías más famosas es «Mi Buenos Aires querido», con letra de su amigo Alfredo Le Pera:

Mi Buenos Aires querido
cuando yo te vuelva a ver
no habrá más penas ni olvido.
El farolito de la calle en que nací
fue el centinela de mis promesas de amor.
Bajo su quieta lucecita yo la vi
a mi pebeta luminosa como un sol.
Hoy que la suerte quiere que te vuelva a ver
ciudad porteña de mi único querer,
oigo la queja de un bandoneón
dentro mi pecho pide rienda el corazón.

Mi Buenos Aires,
tierra querida,
donde mi vida terminaré.
Bajo tu amparo
no hay desengaño . . .

Carlos Gardel.

ℝ *Más pizzerías que en Nápoles ...*

Bruno, uno de los personajes de la novela »Sobre héroes y tumbas» del escritor argentino Ernesto Sábato, pasea por el puerto de Buenos Aires, a orillas del Río de la Plata, y contempla la ciudad:

Bruno se inclinó hacia la ciudad y volvió a contemplar la silueta de los rascacielos. Seis millones de hombres, pensó. Un muchacho besaba a una chica. Pasó un vendedor de helados Laponia en bicicleta: lo chistó. Y mientras comía el helado volvía a mirar el monstruo, millones de hombres, de mujeres, de chicos, de obreros, de empleados, de rentistas. ¿Cómo hablar de todos? ¿Cómo representar aquella realidad en cien páginas, en mil, en un millón de páginas? Seis millones de argentinos, españoles, italianos, vascos, alemanes, húngaros, rusos, polacos, yugoslavos, checos, sirios, libaneses, lituanos, griegos, ucranianos. La ciudad más gallega del mundo. La ciudad italiana más grande del mundo. Etcétera. Más pizzerías que en Nápoles y Roma juntos. «Lo nacional». ¡Dios mío! ¿Qué era lo nacional?

Plaza de la República, Buenos Aires.

72

37 Tres argentinos

¿Cuál es el deportista argentino más famoso? Los aficionados al fútbol contestarán: Maradona. Para los aficionados al tenis el argentino más famoso es Vilas. Los apasionados de las carreras de coches no se lo pensarán dos veces: ¡el primero es Fangio!

El corredor automovilista Juan Manuel Fangio, nacido en 1911, fue uno de los corredores más prestigiosos del mundo en los años cincuenta. Entre sus primeros éxitos está el haber ganado el «Gran Premio Internacional del Norte», Buenos Aires – Lima, ida y vuelta. Más tarde, Fangio llegó a ser campeón del mundo cinco veces en fórmula 1.

Fangio: cinco veces campeón mundial.

Diego Maradona, el futbolista número uno de Argentina, se destacó en la liga de su país ya en 1977, cuando sólo tenía 17 años, y se convirtió muy pronto en un ídolo. En 1982 fue traspasado al club de fútbol Barcelona por la astronómica suma de 700 millones de pesetas.

El tenista Guillermo Vilas, jugador zurdo, consiguió sus primeros éxitos internacionales en 1970, cuando tenía 18 años. En los años setenta ganó el «Torneo de los Maestros» tres veces y fue también vencedor en los campeonatos internacionales de Roland Garros y de Forest Hills. Al lado del tenis, una de sus pasiones es la literatura y ha publicado varios libros de poesía.

Maradona: vale 700 millones.

Escuche la cinta y conteste a las preguntas del libro de ejercicios.

Vilas: ¿mejor tenista que poeta?

38 No hables de ratas

En un pueblecito al sur de Alicante un caluroso día de agosto, la familia Iglesias acaba de sentarse a almorzar en el comedor de su casa de veraneo.

Joaquín	Papá, ¿sabes lo que ha hecho Marcos hoy? Por la mañana yo estaba en la playa y . . .
El padre	Habla más despacio. No entiendo lo que dices.
Marcos	Joaquín estaba en la playa y había una rata . . .
La madre	¡Uf! No hables de esto cuando estamos comiendo.
El padre	Bueno, hablad de otra cosa.
Marcos	Joaquín estaba en la playa . . .
Joaquín	¿Son peligrosas las ratas?
El padre	Por favor, no habléis los dos a la vez.
Joaquín	Marcos me ha puesto una rata en el zapato . . .
La madre	Vamos, niños . . . Estamos comiendo. Esto lo podéis contar después . . . Marcos, ¡bebe más despacio! Y tú, Joaquín, no bebas tanto vino, que te vas a marear.
Joaquín	Es que tengo mucha sed.
El padre	Bebed un poco de agua mineral, pues . . . vale, vale, no bebáis más ahora. No es bueno para el estómago beber tanto.
La madre	Claro que tenéis sed. Hace 35 grados a la sombra. Hace un calor infernal. Abre la ventana, Joaquín, por favor.
El padre	No, no la abras porque estaremos en corriente de aire. La ventana de la cocina está abierta.
Joaquín	¿Puedo tomar un poco más de vino? Tengo mucha sed.
Marcos	El agua mineral se ha acabado.
El padre	Abrid otra botella . . .
La madre	Bueno, bueno, ya está bien. Ya habéis abierto tres botellas. No abráis más porque sólo quedan dos y son para la noche.

Ten cuidado

Después de almorzar Joaquín y Marcos salen a la calle.

30	*Marcos*	¿Qué hacemos?
	Joaquín	Ve a casa de los Fraga y di a Paco que vamos a la playa.
	Marcos	Viven muy lejos. Ve tú.
	Joaquín	Yo siempre tengo que hacerlo todo. Haz algo tú también.
	Marcos	Bueno. Está bien. Ya voy yo. Toma, pon esta bolsa en el garaje.
35		Ten cuidado, dentro están los gusanos para pescar.
	Joaquín	Ven pronto. Te espero aquí.

39 El horóscopo no miente

Isabel Y tú, ¿de qué signo eres?

Carlos Yo no creo en esas mamarrachadas.

Isabel Bueno, pero dime de qué signo eres.

Carlos Aries.

5 **Isabel** Pues escucha lo que dice el diario. «*Dinero:* Mañana ganará usted un pequeño premio en una lotería y recibirá una cantidad no muy elevada de algún pariente. Un amigo le pedirá dinero prestado. Cuidado, es muy posible que el amigo no le devuelva nunca el préstamo» . . . Vamos a ver . . . «*Salud:*»

10 **Carlos** Sigue, sigue . . .

Isabel No me interrumpas. «*Salud:* Lleve una vida más sana. Haga deporte. Suspenda las bebidas alcohólicas. Probablemente padecerá un ligero resfriado.» . . . Y para terminar . . . «*Amor:* Estos días no serán muy felices en el terreno sentimental. Se

15   peleará con su novia.» . . . ¿Qué te parece?

Carlos Increíble. Me has dejado impresionado, de verdad. ¡Todo eso es lo que me ha pasado hoy! ¿De qué día es el diario?

Isabel De ayer.

Carlos Pues a partir de ahora creeré a pie juntillas en los horóscopos.

20 **Isabel** Tonto, ¡qué fácilmente te dejas engañar! Aquí en el diario no pone nada. Me lo he inventado todo yo.

PISCIS 20/2 - 21/3

ARIES 22/3 - 20/4

TAURO 21/4 - 21/5

GÉMINIS 22/5 - 22/6

ACUARIO 20/1 - 19/2

CÁNCER 23/6 - 23/7

CAPRICORNO 23/12 - 19/1

¿CUÁL ES TU SIGNO?

LEO 24/7 - 23/8

SAGITARIO 23/11 - 22/12

VIRGO 24/8 - 23/9

ESCORPIO 24/10 - 22/11

LIBRA 24/9 - 23/10

40 Una vida más ordenada

Hace menos de un siglo se generalizó el uso de la electricidad en los hogares de nuestros abuelos y bisabuelos. Hoy día estamos rodeados de aparatos eléctricos y electrónicos.

5　Por la mañana nos despierta el radio-despertador. Antes de que nos hayamos levantado, la cafetera automática ya habrá hecho el café. Durante el día los electrodomésticos nos preparan la comida, nos friegan la vajilla y nos lavan la ropa.
Y por la noche nos caemos dormidos frente al vídeo con el mando a distancia en la mano ...

10　En todos los hogares hay ya una calculadora de bolsillo. Y en el futuro probablemente los ordenadores gobernarán nuestra vida doméstica.

Hasta hace poco, el microordenador ha sido para muchos sólo un juguete.

15　Una minoría, sin embargo, ha entrado ya en el futuro ...
Muchos ordenadores pueden ser conectados con la red telefónica y tienen de esta forma acceso a una infinidad de fuentes de información externas. Ya hay gente que en la pequeña pantalla puede obtener todo tipo de datos. Pueden
20　hacer las compras y reservar entradas para los toros o para el partido de fútbol, pueden llevar las cuentas del hogar, efectuar todas las operaciones bancarias y, una vez al año, hacer la declaración de renta. Y todo sin salir de casa.

A pesar de todo, hay muchas personas para quienes el papel y el lápiz siguen siendo unos inventos geniales ...

41 No es nada grave

En el consultorio

El paciente	Buenos días, doctor.
El médico	Buenos días. ¡Cuánto tiempo sin verle! Siéntese, por favor. ¿Qué le pasa?
El paciente	Pues, mire, no me encuentro bien. Me duele mucho el estómago.
5 *El médico*	A ver ... abra la boca ... no la cierre, por favor, ábrala un poco más ... así ... no creo que tenga fiebre.
El paciente	¿Qué piensa usted?
El médico	Nada, nada. No es nada grave. Debe de ser el calor. Coma alimentos ligeros: arroz hervido, yogur, tostadas ... No coma carne y, naturalmente, no tome bebidas alcohólicas.
10 *El paciente*	Es que, además, no duermo bien.
El médico	No se preocupe. ¿Se acuesta tarde?

78

El paciente	No tanto. Sobre la una, pero me despierto muchas veces durante la noche.
15 *El médico*	Es necesario que duerma más. Tendrá que acostarse más temprano. Fume menos, no tome tanto café y haga ejercicio. Vaya a la farmacia con esta receta. Tome dos pastillas antes de acostarse y vuelva el próximo martes, si no está mejor.

En la farmacia

El farmacéutico	Tenga, señor, sus pastillas. Tome tres por la noche, antes de acostarse.
El cliente	El doctor Martínez me dijo que tomara dos.
El farmacéutico	Pues en la receta pone tres. Pregúntele otra vez, por si acaso. ¿No le recomendó nada más?
El cliente	Sí, me aconsejó que comiera alimentos ligeros, que durmiera más y ...

En España no es difícil encontrar una farmacia.

 Escuche la cinta y conteste a las preguntas del libro de ejercicios.

42 El perro y el retrato

En el barrio de Santa Cruz de Sevilla, vivía no hace muchos
años un joven pintor que había conseguido cierto renombre
como retratista. Un día llegó a su estudio la marquesa de
Narizón, una señora con muchos humos, para encargarle un
retrato.

Al joven pintor le hizo mucha ilusión el encargo y quiso pintar
un buen cuadro. Tardó exactamente tres semanas en finalizar
la obra.

El día que la señora fue a recoger el retrato iba acompañada de
un pequinés de avanzada edad y que casi no veía nada. Cuando
el retratista levantó la tela que cubría la pintura, la marquesa
no pudo ocultar su disgusto. El cuadro no le gustó.
— Me ha puesto usted años de más — le dijo al pintor muy
desilusionada.— ¿No ve que mi perrito no me ha reconocido?
¡Mire, no se ha movido de su sitio!

Efectivamente, el perro miraba el cuadro con indiferencia.
— Si no mejora usted el retrato no puedo aceptarlo — le dijo la
marquesa antes de dejar el estudio.

¡Cómo iba a reconocer a su ama un perro tan miope! — pensó el
pintor. No quiso cambiar nada. Durante varios días estuvo
pensando qué hacer. Al cabo de dos semanas, llamó a la
marquesa.

De nuevo ella se presentó en el estudio, acompañada de su fiel
pequinés. Nada más entrar en la habitación, el perro comenzó a
ladrar y echó a correr hacia el retrato moviendo la cola
alegremente. Con la lengua se puso a lamer los pies del retrato
de su ama.
— No puede negar que esta vez sí que la ha reconocido — dijo
satisfecho el pintor.

La marquesa no tuvo más remedio que pagar el cuadro y
llevárselo.

Unos días más tarde, el pintor estaba contando lo ocurrido a un
grupo de amigos.
— ¿Cómo es posible? ¿Cómo lo conseguiste?
— Muy sencillo. Lo único que hice fue . . .

43 Si fuera un Picasso...

Estamos en el Rastro de Madrid.

Un vendedor	¡Este sensacional y maravilloso cuadro surrealista, por sólo tres mil pesetas! ¡Aprovechen la ocasión! Si estuviéramos en París, pagarían ustedes el doble.
5 *Un señor*	¿Cuánto? Si hablara usted un poco más despacio, entenderíamos lo que dice. ¿Cuánto dice que pide?
El vendedor	He dicho seis mil pesetas, señor. Pero a usted se lo dejo por cinco... ya veo que entiende usted de arte.
El señor	Demasiado caro...
10 *El vendedor*	Si fuera un Picasso, costaría cinco millones, señor.
El señor	¡Hombre, qué gracioso! Si fuera un Picasso, no lo vendería usted aquí en el Rastro.
El vendedor	Aquí vendemos de todo, *mesié*. No se lo creerá, pero aquí hasta se ha vendido un Velázquez.
15 *El señor*	Sí, supongo que serán Las Meninas. Vamos, tenga usted cuatro mil y déme el cuadro.
El vendedor	Trato hecho.

Todos los sábados y domingos las calles alrededor de la Plaza del Rastro y la Ribera de Curtidores se convierten en un gigantesco mercado.

En el Rastro se vende toda clase de objetos nuevos y usados.

Ⓡ Introducción a la historia del arte

Nicole habla de un escultor que ella conoce, hombre de mucho talento y fama. El escultor trabaja en un taller inmenso, rodeado de niños. Todos los niños del barrio son sus amigos.

Un buen día la alcaldía le encargó un gran caballo para una plaza de la ciudad. Un camión trajo al taller el bloque gigante de granito. El escultor empezó a trabajarlo, subido a una escalera, a golpes de martillo y cincel. Los niños lo miraban hacer.

Entonces los niños partieron, de vacaciones, rumbo a las montañas o al mar.

Cuando regresaron, el escultor les mostró el caballo terminado.

Y uno de los niños, con los ojos muy abiertos, le preguntó:

– Pero... ¿Cómo sabías que adentro de aquella piedra había un caballo?

Eduardo Galeano, Días y noches de amor y de guerra

44 Dramas callejeros

Una señora	Por favor, no me ponga la multa.
Un guardia	Lo siento, tengo que ponérsela.
La señora	Por favor, no me la ponga.

El guardia le pone la multa.

5 *El guardia*	¿Otra vez mal aparcado, Roberto?
Roberto	Por favor, no me pongas la multa, José.
El guardia	Lo siento. Como a todo el mundo. Tengo que ponértela.
Roberto	Hombre . . . somos amigos . . . no me la pongas.

El guardia se la pone.

45 ¡Vaya moto!

Josefa	¡Mira! ¡Qué moto! ¡Y qué chico más guapo!
Juan Luis	Mujer, qué dices, a tus años... Mira, mira cómo se salta los semáforos. Va como si la calle fuera suya.
Josefa	¡Cuidado, Juan Luis! ¡Por la derecha! ¡Ese taxi!

5 ¡Pum! El coche choca contra el taxi. Por suerte no pasa nada grave. Los conductores salen de sus vehículos.

Juan Luis	¡Es usted un imbécil! ¿No sabe conducir?
El taxista	El que no sabe conducir será usted. ¿Es que no conoce el Código? Yo venía por la derecha, ¿no? ¿No venía yo por la derecha?

10

Los conductores empiezan a discutir. A los pocos minutos se presenta un guardia.

Juan Luis	Si ese hombre no hubiera ido tan rápido, no habría pasado nada.
15 *El taxista*	¿Rápido? Es que yo venía por la derecha. Si este señor hubiera conocido el Código...
Juan Luis	Si él hubiera frenado, yo habría tenido tiempo de pasar.
Josefa	Vamos, Juan Luis, reconócelo, que si tú no hubieses estado mirando aquella moto, no habría ocurrido nada. Mira, mira
20	cómo ha quedado el faro.
Juan Luis	¿Yo la moto? ¿Qué puñetas me importan a mí las motos? Si tú no me hubieras distraído con la dichosa moto, yo no habría...
Josefa	Vamos, ahora resulta que la culpa la tengo yo.
El guardia	Bueno, bueno. Eso es asunto de ustedes. Su carné de conducir,
25	por favor.
Juan Luis	Pues no lo llevo, mire. Lo he olvidado.
El guardia	Vaya, pues eso... ¿Y no tiene otro documento de identidad?
Juan Luis	No, lo siento.
El guardia	Pero señor, algún documento tiene usted que llevar. Bueno,
30	vamos a ver. ¿Cómo se llama usted?
Juan Luis	Rubio Moreno.
El guardia	¿Rubio Moreno? ¿No le he puesto yo ya a usted una multa antes?
Juan Luis	¿A mí? ¿Una multa a mí?

46 Y todos seríamos felices...

Me gustaría que todos los niños fueran libres, que jugaran todos y que no se pelearan.

Que todos los señores trabajaran juntos, no se emborracharan. Que los niños no mataran a los pajaritos, que los dejaran volar.
Que siempre las señoras barrieran su calle a diario, muy temprano, que no dejaran su basura en la calle.

Que hubiera un zoológico que a todos los niños los dejara entrar, que hubiera muchos animales, que hubiera tortugas, víboras, elefantes, osos, leones mansos y otros animales raros.

Que todos los niños fueran a la escuela, que jugaran niños y niñas juntos. Que los niños no hicieran travesuras en su escuela... y todos seríamos felices.

Miguel González Altamirano, 10 años
Escuela Insurgentes
Huamantla, Tlaxcala

Grammar section

N.B. The following abbreviations are used in this section:

S = singular	P = plural
S1 = **yo** form	P1 = **nosotros** and **nosotras** forms
S2 = **tú** form	P2 = **vosotros** and **vosotras** forms
S3 = **él, ella** and **usted** forms	P3 = **ellos, ellas** and **ustedes** forms

With verbs, the dot (.) shows where spoken stress falls.

Articles (Los artículos) ¶ 1–4

1   Definite and indefinite article

A   *masculine*   *feminine*

el bolso	**la** carta
los bolsos	**las** cartas
un bolso	**una** carta
unos bolsos	**unas** cartas

The form **lo** also functions as an article in front of adjectives forming nouns and pronouns: **lo bueno** the good thing, **lo ocurrido** what happened. Compare **lo que** that which, what.

B   Voy **al** cine.   I am going to the cinema.
Voy **del** cine **al** hotel.   I am going from the cinema to the hotel.

● a + el are contracted to **al** and de + el to **del**.

2   Articles and names

A   **El señor** Moreno Rubio es programador.   Mr Moreno Rubio is a programmer.

El doctor no está.   The doctor is not in.
Buenos días, **doctor**.   Good morning, doctor.
Su pasaporte, **señorita**.   Your passport, Miss.
Don Quijote tiene un caballo que se   Quixote has a horse called Rocinante.
llama Rocinante.

● The definite article is used before titles when speaking *about* someone. No article is used when speaking *to* someone. The article is never used before **don** or **doña**.

B España limita con **Francia** y **Portugal**.

Spain borders on France and Portugal.

Madrid está en el centro del país.

Madrid is in the centre of the country.

● Names of countries and towns do not usually take the article, but some exceptions are **La Habana** (Havana), **La Haya** (The Hague) and **El Cairo** (Cairo).

C **(El) Ecuador** limita con **(el) Perú**.

Ecuador borders on Peru.

● Certain Latin American countries sometimes take the article, e.g. **(la) Argentina, (el) Uruguay, (el) Brasil**.

D **el Madrid** de los años cuarenta

the Madrid of the forties

la España democrática

democratic Spain

● If an adjective or adjectival phrase is added to the name, the article is always used.

E **los Pirineos, el Atlántico, el Ebro**

the Pyrenees, the Atlantic, the Ebro

● The article is used with names of mountains, seas and rivers.

---

3   Some special uses of the definite article

A With weekdays, except with the verb **ser**:
El viernes juego al ajedrez.

I play chess on Friday.

But: Hoy es viernes.

Today is Friday.

B With points of the compass:
Valencia está en **el este**.

Valencia is in the east.

C With nouns used in a general sense:
No me gustan **las gambas**.

I don't like prawns.

D With time by the clock:
Termino a **las seis**.

I finish at six o'clock.

E With dates:
Es **el doce de octubre**.

It's the twelfth of October.

F With the verb **jugar** and games:
Jugamos al tenis (al póker).

We play tennis (poker).

G With the verb **tocar** and musical instruments:
Toco **la guitarra**.

I play the guitar.

H With the names of sports teams:
El Barcelona compró a Maradona.

Barcelona bought Maradona.

I With parts of the body after the verb **tener**:
Juanita **tiene los ojos** azules.

Juanita has blue eyes.

J With percentages (also indefinite article: **un** 15%):
El 15% de los habitantes son blancos. Fifteen per cent of the inhabitants are white.

K With languages, but not with the verbs **hablar, estudiar** or **saber**:
Se oye **el castellano** por todas partes. One hears Spanish everywhere.
But: Aquí se habla *español*. Spanish spoken here.

---

4   *Otro, medio, gran* and *parte*

A Déme **otra hamburguesa**, por favor. Give me another hamburger, please.
¿No hay **otro tren**? Isn't there another train?
Paco llegó hace **media hora** y ya se ha Paco came half an hour ago and has
bebido **medio litro** de vino. already drunk half a litre of wine.

● The indefinite article is not used before **otro** or **medio**.

B **gran parte** de la población a large section of the population
Las tierras formaban **parte** de un The lands formed part of a new
continente nuevo. continent.

● The indefinite article is often not used before **gran** or **parte**.

Nouns (Los sustantivos) ¶ 5–7

---

5   Singular and plural

A

masculine		*feminine*	
un bolso	dos bolsos	una carta	dos cartas
un autobús	dos autobuses	una ciudad	dos ciudades
un coche	dos coches	una calle	dos calles

● Nouns ending in **-o** are usually masculine. Nouns ending in **-a** are usually feminine. Nouns ending in a consonant or **-e** may be either masculine or feminine. The plural ending is **-s**, and if the noun ends in a consonant, **-es**. Note the absence of a written accent in the plural (un **camión** – dos **camiones**, una **nación** – dos **naciones**).

B **una radio** a radio; **una mano** a hand; **una foto** a photo; **una moto** a motor-cycle; **un día** a day; **un clima** a climate; **un mapa** a map; **un programa** a programme; **un sistema** a system; **un telegrama** a telegram; **un tema** a subject (of conversation or an essay)

● Some nouns ending in **-o** are feminine and some ending in **-a** are masculine.

C   El **agua** está fría.   The water is cold.
Tengo **mucha hambre**.   I'm terribly hungry.

● **Agua** and **hambre** are feminine. Nouns that begin with a stressed **a** (spelt **a-**, **ha-**) take the articles **el** and **un** in the singular although the adjective has to be in the feminine.

D   **Los jueves** tengo clase de francés.   I have a French lesson on Thursdays.
Los Ibáñez están en casa.   The Ibáñez family is at home.

● Some nouns have no plural ending, e.g. those of more than one syllable that end in unstressed **-es** and surnames.

E   los hermanos   the brothers and sisters (the brothers)
los padres   the parents (the fathers)
los papás   mum and dad (the dads)
los hijos   the children, sons and daughters (the sons)

los abuelos   the grandparents (the grandfathers)
los tíos   the uncle and aunt (the uncles)
los señores   Mr and Mrs (the gentlemen)
los novios   fiancé and fiancée (the fiancés)
los reyes   the king and queen (the kings)

● The masculine plural sometimes has a special meaning.

F   las vacaciones   the holidays
las gafas   the glasses (spectacles)
los alrededores   the surroundings

● Certain nouns are plural only.

---

6   Possession

A   la moto **de** Paco   Paco's motor-cycle
la maleta **de la** señora`   the lady's suitcase
el coche **del** señor Moreno   Mr Moreno's car
las vacaciones **de las** chicas   the girls' holiday
el viaje **de los** chicos   the boys' journey

● Possession and ownership are expressed by the preposition **de** before nouns. The thing possessed or owned has the definite article.

B   el permiso **de** conducir   the driving licence
un pueblecito **de** la costa   a little town on the coast
el tren **de** Barcelona   the Barcelona train/the train from Barcelona

una ventanilla **de** la estación   a ticket-office at the station
una foto **de** Maradona   a photo of Maradona

● The preposition **de** is often used in Spanish where English would have *on*, *in*, *from*, *at* or a compound noun.

7 Expressions of quantity

A

una **botella de** agua mineral	a bottle of mineral water
medio **kilo de** pan	half a kilo of bread
dos **millones de** habitantes	two million inhabitants
miles de años	thousands of years

● Nouns expressing quantities or measurements are followed by **de**.

B

Buenos Aires tiene diez millones quinientos mil habitantes.	Buenos Aires has ten million five hundred thousand inhabitants.

● **Mil** is not a noun.

Adjectives (Los adjetivos) ¶ 8–10

8 Agreement of adjectives

A

masculine		*feminine*	
un coche **negro**	dos coches **negros**	una maleta **negra**	dos maletas **negras**
un bolso **grande**	dos bolsos **grandes**	una mesa **grande**	dos mesas **grandes**
un libro **azul**	dos libros **azules**	una camisa **azul**	dos camisas **azules**

● Adjectives form the plural in the same way as nouns with **-s** after vowels and **-es** after consonants. Masculine adjectives ending in **-o** take **-a** in the feminine.

B

masculine	*feminine*
un chico **español**	una chica **española**
un jersey **inglés**	una camisa **inglesa**

● Feminine adjectives of nationality take the singular ending **-a**. Exceptions are those ending in **-í** (**marroquí, israelí, saudí, iraní**); **-ense** (**nicaragüense, costarricense**); adjectives like **árabe** and those already ending in **-a** (**belga**, Belgian).
Plurals of adjectives of nationality are formed like other adjectives, but those ending in **-í** take **-es** in the plural (**israelíes**).

9 Position of adjectives

A

Aquella **casa blanca** es de un **mexicano rico**.	That white house belongs to a rich Mexican.

● Adjectives are usually placed *after* the words they describe.

B

Sacó una **pequeña pistola**.	He took out a small revolver.
Allí estaba el **joven atracador**.	There was the little boy staging the hold-up.
Se comió una **enorme hamburguesa**.	He ate an enormous hamburger.
una **magnífica piedra**	a magnificent stone
Argentina tiene **graves problemas**.	Argentina has serious problems.

● Certain adjectives are placed *before* their nouns.

C

una **buena** amiga	a good friend
Hace **buen** tiempo.	It's nice weather.
Hace muy **mal** tiempo.	It's very bad weather.

● **Bueno** and **malo** are often placed *before* their nouns. In the *masculine singular* they are then shortened to **buen** and **mal**.

D

Esto es un **gran** problema.	This is a big problem.
El **Gran** Hotel está en la **Gran** Vía.	The Grand Hotel is in the Gran Vía.

● When **grande** is placed before its noun, it is shortened to **gran** in both the *masculine and feminine singular*.

E

la **pobre** señora	the poor (= unfortunate) woman
Es una señora **pobre**.	She is a poor (= not rich) woman.

● A few adjectives have different meanings depending on whether they are placed before or after the noun.

---

10 Comparison of adjectives

A

Busco algo **más barato**.	I'm looking for something cheaper.
El más grande es Fangio.	Fangio is the greatest.
La casa **más cara** del barrio.	The most expensive house in the area.

● Regular comparatives are formed by placing **más** before the adjective. Regular superlatives have **el (la, lo, los, las) más** before the adjective. If the noun already has the definite article, no further article is added before **más** in the superlative.

B

bueno kind, nice	**más bueno** kinder, nicer	**el más bueno** the kindest, nicest
bueno good	**mejor** better	**el/la mejor** the best
malo unkind, nasty	**más malo** more unkind, nastier	**el más malo** the unkindest, nastiest
malo bad	**peor** worse	**el/la peor** the worst
pequeño little, small	**más pequeño** smaller	**el más pequeño** the smallest
pequeño little, young	**menor** younger	**el/la menor** the youngest
grande big, large	**más grande** larger	**el más grande** the largest
grande big, old	**mayor** older	**el/la mayor** the eldest

● The adjectives **bueno**, **malo**, **pequeño** and **grande** have both regular and irregular comparative forms with slightly different meanings.

C   – ¿Tú eres más alto que tu hermano?   'Are you taller than your brother?'
     ○ Sí, pero él es **mayor** que yo.   'Yes, but he's older than I am.'

   ● **Mayor** and **menor** are mostly used when speaking of someone's age.
N.B. **una persona mayor,** an elderly person.

D   ¡Qué cosa **más** rara!   What a peculiar thing!
     ¡Qué cielo **tan** azul!   What a blue sky!

   ● Certain exclamations have **más** or **tan** before the adjective.

E   El viaje fue **cada día** más difícil.   The journey got more and more
     difficult each day.

   ● **Cada día** and **cada vez** + comparative are used to show increasing degree.

F   Tenemos **muchísimas** ganas de   We would very much like to see you
     volver a verte.   again.
     En 1910 estalló una **violentísima**   In 1910 an extremely violent revolution
     revolución.   broke out.
     una merluza **buenísima**   a really good hake
     un terrateniente **riquísimo** (from   a very rich landowner
     rico)

   ● The ending **-ísimo/-ísima** can be added to the adjective to show a very
high degree of something.

G   *Expressions of comparison and similarity*
     – Juan gana **más que** Roberto.   'Juan earns more than Roberto.'
     ○ Es verdad, pero Roberto trabaja   'That's true, but Robert works less than
     menos que Juan.   Juan.'
     Juan trabaja para **la misma** empresa   Juan works for the same firm as
     que Roberto.   Roberto.
     María no es **tan alta como** Luis.   María is not as tall as Luis.
     Julia no trabaja **tanto como** Eva.   Julia does not work as much (hard) as
     Eva.

     Argentina no tiene **tanta** población   Argentina does not have such a big
     como México.   population as Mexico.
     En Buenos Aires, no hay **tantos**   Buenos Aires does not have as many
     habitantes **como** en México D.F.   inhabitants as Mexico City.
     Podré ayudarles **igual que** a ti.   I'll be able to help them like I helped
     you.

     Hablo **lo más** claro **posible**.   I'm speaking as clearly as possible.
     Casi la mitad de los mexicanos tienen   Nearly half of all Mexicans are under
     menos de 15 años.   fifteen.

H   No necesito **más de** mil pesetas.   I don't need more than (= at the most)
     a thousand pesetas.

     No necesito **más que** mil pesetas.   I only need a thousand pesetas.

   ● **Más de** or **más que** may be used before numerals. In negative sentences **no
. . . más que** means 'only'.

Adverbs (Los adverbios) ¶ 11–13

11 Formation of adverbs

A La señora sonrió **amablemente**.   The lady smiled in a friendly way.
El piso estaba **completamente** vacío.   The flat was completely empty.

● Many adverbs are formed by adding **-mente** to the feminine form of the adjective.

B America dependió **política y**   America was politically and culturally
culturalmente de España.   dependent on Spain.

● If several adverbs formed from adjectives follow one another, **-mente** is added only to the last one. The preceding adverbs then take the feminine form of the adjective.

C Escuchan **con mucha atención**.   They listen very attentively.

● Sometimes an English adverb is best translated by a preposition expression in Spanish.

12 Comparison of adverbs

bien	well	**mejor**	better	**lo mejor**	best
mal	badly	**peor**	worse	**lo peor**	worst
mucho	much, a lot	**más**	more	**lo más**	most
poco	little	**menos**	less	**lo menos**	least

– Hablas francés muy bien. ¿Tu   'You speak French very well. Does your
hermano habla mejor?   brother speak better?'
○ No, él habla peor (que yo).   'No, he speaks worse (than I do).'

● The adverbs **bien, mal, mucho, poco** all have irregular comparative forms.

13 *Muy* and *mucho*

A Estoy **muy** contento.   I'm very happy.
Habla **muy** bien.   (S)he speaks very well.

● *Very* before the positive form of adjectives and adverbs = **muy** (invariable).

B Estas flores son **mucho** más caras.   These flowers are much more
        expensive.
Su madre habla francés **mucho** mejor.   His/her mother speaks French much
        better.

● *Much* before the comparative forms of adjectives and adverbs = **mucho** (invariable).

C	La película me gustó **mucho**.	I liked the film very much.
	Trabajo **mucho**.	I work very hard.
	Eva sale **mucho** por las tardes.	Eva goes out a lot in the evenings.

● *Very much, etc* with a verb = **mucho** (invariable).

D	Hace **mucho** calor.	It's very hot.
	La señora tiene **mucha** sed.	The lady is very thirsty.
	El señor tiene **mucha** hambre.	The man is very hungry.

● *Very* before an adjective in English is often **mucho** before a noun in Spanish. **Mucho** also changes according to the gender of the noun (**sed** and **hambre** are feminine).

E	– ¿Estás contenta, Eva?	'Are you happy, Eva?'
	○ Sí, **mucho**. (Sí, muy contenta.)	'Yes, very. (Yes, very happy.)'

● *Very* in a reply where the adjective is not repeated = **mucho**.

Numbers (Los numerales) ¶ 14–17

14   Cardinal numbers *(Los cardinales)*

0	cero	30	treinta
1	uno (un), una	31, 32	treinta y un(o), treinta y dos
2	dos	40	cuarenta
3	tres	50	cincuenta
4	cuatro	60	sesenta
5	cinco	70	setenta
6	seis	80	ochenta
7	siete	90	noventa
8	ocho	100	cien (ciento)
9	nueve	101	ciento uno
10	diez	150	ciento cincuenta
11	once	200	doscientos (-as)
12	doce	300	trescientos (-as)
13	trece	400	cuatrocientos (-as)
14	catorce	500	quinientos (-as)
15	quince	600	seiscientos (-as)
16	dieciséis	700	setecientos (-as)
17	diecisiete	800	ochocientos (-as)
18	dieciocho	900	novecientos (-as)
19	diecinueve	1 000	mil
20	veinte	1 150	mil ciento cincuenta
21	veintiuno (veintiún)	2 000	dos mil
22	veintidós	100 000	cien mil
23	veintitrés	1 000 000	un millón
24	veinticuatro	2 000 000	dos millones
25	veinticinco	1 000 000 000	mil millones
26	veintiséis		

● **Uno** becomes **un** before masculine nouns, e.g. **veintiún discos**.

● **Unos, unas** shows an estimate or approximation, e.g. **unos cien gramos** about a hundred grams; **unas cincuenta pesetas** about fifty pesetas; **una media hora** about half an hour.

● **Ciento** becomes **cien** before nouns and before **mil** and **millones**, e.g. **cien pesetas; cien mil pesetas; cien millones**. When standing alone, both **cien** and **ciento** are acceptable: **Tengo cien** or **Tengo ciento**.

● **Millón** is followed by **de** before nouns, e.g. **un millón de toneladas de naranjas** a million tons of oranges (see ¶ 7).

15   The time *(La hora)*

¿A qué hora empiezas hoy?	What time do you start today?
Empiezo a las nueve.	I start at nine o'clock.
Luis empieza a las tres de la tarde.	Luis starts at three in the afternoon.
Termina a las diez de la noche.	He finishes at ten o'clock at night.
¿Qué hora es?	What's the time? What time is it?
Es la una.	It's one o'clock.
Son las dos.	It's two o'clock.
Son las tres y media.	It's half past three.
Son las cuatro menos cuarto.	It's a quarter to four.
Son las cinco y cuarto.	It's a quarter past five.
Son las seis y diez.	It's ten past six.
Son las siete menos diez.	It's ten to seven.
Son las siete en punto.	It's exactly seven o'clock.
Son las doce y pico.	It's just gone twelve.

16   Date and year *(La fecha y el año)*

A

¿Qué fecha es hoy?	What's the date today?
Es el uno de mayo.	It's the first of May.
Es el primero de mayo.	It's the first of May.
Es el quince de enero de 1985.	It's the fifteenth of January, 1985.

● Cardinal numbers are used in dates in Spanish. Only with 1st can the ordinal number (**primero**) be used. Note the preposition **de** before the year.

B

¿A cuántos estamos?	What's the date?
Estamos a dos de mayo.	It's the second of May.

● In this phrase with **estar**, there is no article before the numeral.

C

mil novecientos ochenta y cinco	nineteen eighty five
en el siglo XVI (dieciséis)	in the sixteenth century

D

Madrid, 20 de setiembre de 1985	Madrid, 20th September 1985

Read aloud:
Madrid, veinte de setiembre de mil novecientos ochenta y cinco

17   Ordinal numbers *(Los ordinales)*

A

1° primero, primer	4° cuarto	7° séptimo	10° décimo
2° segundo	5° quinto	8° octavo	
3° tercero, tercer	6° sexto	9° noveno	

B

Yo vivo en el **primer** piso y mi madre en el **tercero**.	I live on the first floor and my mother lives on the third.
Es el **tercer** viaje que hago y la **tercera** vez que voy a Valencia.	This is the third trip I'm making and the third time I'm going to Valencia.
Juan Carlos I (primero) es nieto de **Alfonso XIII (trece)**.	Juan Carlos the First is the grandson of Alphonso the Thirteenth.

● **Primero** and **tercero** are abbreviated to **primer** and **tercer** before singular masculine nouns.

● From 11 (the eleventh) onwards, normal cardinal numbers are used instead of ordinal numbers.

Pronouns *(Los pronombres)* ¶ *18–34*

18   Personal pronouns *(Los pronombres personales)*

A   *Subject forms*

S1	**yo**	I
2	**tú**	you *(informal)*
3	**él/ella/usted**	he/she/you *(formal)*
P1	**nosotros/as**	we
2	**vosotros/as**	you *(informal)*
3	**ellos/ellas/ustedes**	they/you *(formal)*

● The subject forms are not usually used when the verb ending shows which subject is concerned. If they are used, it is for clarity or emphasis.

Usted, ustedes are mostly used out of politeness and are forms of address to people one does not address as **tú**. The verb is in the third person singular or plural. These polite forms are often abbreviated to **Ud., Uds., Vd., Vds.,** when written.

In Andalusia and Latin America, **ustedes** is used to address several people whom one addresses as **tú** (replacing **vosotros, -as**). See ¶ 80.

B	*Preposition forms*	
S1	**para mí**	for me
2	**para ti**	for you (*informal*)
3	**para él/ella/usted**	for him/her/you (*formal*)
P1	**para nosotros/as**	for us
2	**para vosotros/as**	for you (*informal*)
3	**para ellos/ellas/ustedes**	for them/you (*formal*)

● These forms are used after prepositions, e.g. **para, a, de, por.**

● After the preposition **con**, S1 and S2 have different forms: **conmigo** with me, **contigo** with you.

● After the preposition **entre** (between), the subject forms **yo, tú,** etc. are used: **Lo arreglamos entre ella y yo** We shall arrange it between us, she and I.

● After the adverbs **salvo** (except), **menos** (except) and **excepto** (apart from), the subject forms **yo, tú,** etc. are used: **Todos trabajan salvo/excepto/menos yo** Everyone is working except me.

---

19   Reflexive pronouns and reflexive verbs

A   **levantarse** to get up, rise, stand up

S1	**me** levanto	I get up
2	**te** levantas	you get up
3	**se** levanta	he/she/you get(s) up
P1	**nos** levantamos	we get up
2	**os** levantáis	you get up
3	**se** levantan	they/you get up

● Spanish reflexive verbs do not always correspond to reflexive forms in English: **quedarse** to stay; **acordarse** to remember; **irse** to go away, leave; **dormirse** to sleep, fall asleep.

B   **Se comió** una tortilla.   (S)he ate an omelette.
     Se bajaron del vehículo.   They stepped down from the vehicle.
     Preferí **venirme** a Europa.   I preferred to come to Europe.

● Reflexive pronouns are sometimes used with non-reflexive verbs to give more life to and involvement in the action.

---

20   Position of reflexive pronouns

Reflexive pronouns are placed:

A   with a reflexive verb: *before* the verb, *after* the negative:
     Me levanto a las seis.   I get up at six o'clock.
     Ahora no **me levanto.**   I'm not getting up now.

B with an infinitive: either *after* the infinitive and joined to it, or *before* the auxiliary verb:

¿Cuánto tiempo **va a quedarse (se va a quedar)** usted en España? — How long are you going to stay in Spain?

C with a compound tense: *before* the auxiliary verb:

Ya **se han despertado**, pero no **se han levantado**. — They have already woken/are already awake but they have not got up.

D with a present participle: either *after* this and joined to it, or *before* the auxiliary verb. Note that the joining up entails adding an accent:

– ¿**Te estás lavando?** — 'Are you getting washed?'
○ No, estoy **peinándome**. — 'No, I'm doing my hair.'
Estaba **comiéndose** una hamburguesa. — He was eating a hamburger.

E with an affirmative imperative: *after* this and joined to it. Note that the joining up may entail adding an accent:

¡**Date** prisa! — Hurry up!
¡**Quédate** en la aldea! — Stay in the village!
¡**Cálmese!** — Calm down!

F with a negative imperative: *after* the negative:

¡**No se siente!** — Don't sit down!
¡**No te preocupes!** — Don't worry!

21 Direct object pronouns *(complementos directos)*

A

S1	**me**	me
2	**te**	you (*informal*)
3	**lo, la**	him/her/it/you (*formal*)
P1	**nos**	us
2	**os**	you (*informal*)
3	**los, las**	them/you (*formal*)

● For the third person masculine, singular and plural, the forms **le** and **les** are also used. These forms are used mostly in central and northern Spain. In Latin America, **lo** and **los** are used in the masculine and **la, las** in the feminine.

B **Lo (Le)** espero **a usted** en el bar. — I'll wait for you in the bar.
Los (Les) espero **a ustedes** en el aeropuerto. — I'll wait for you at the airport.
¿**La** espero aquí? — Shall I wait for you here?

● The forms **lo(s)**, **le(s)** and **la(s)** are also used when addressing a person or people formally. In this case, **a usted, a ustedes** is often added.

22 Position of direct object pronouns

Direct object pronouns are placed:

A with inflected verbs: *before* the verb, *after* the negative:
- ¿Dónde está el libro? **¿Lo ves** tú?   'Where's the book? Can you see it?'
- ○ No, **no lo** veo.   'No, I can't see it.'

B with an infinitive: either *after* the infinitive and joined to it or *before* the auxiliary verb:
- ¿Dónde está el libro? ¿Quieres **traerlo**, por favor?   'Where's the book? Would you fetch it, please?'
- ○ Lo siento, no **lo puedo traer** porque no sé dónde está.   'I'm sorry, I can't fetch it because I don't know where it is.'

C with a compound tense: *before* the auxiliary verb, *after* the negative:
Lo he perdido.   I've lost it.
No lo he podido encontrar.   I haven't been able to find it.

D with the present participle: either *after* this and joined to it or *before* the auxiliary verb. Note that the joining up entails adding an accent:
- **¿Lo estás buscando?**   'Are you looking for it?'
- ○ **Sí, estoy buscándolo.**   'Yes, I'm looking for it.'

E with an affirmative imperative: *after* the imperative and joined to it. Note that the joining up may entail adding an accent:
¡Ponlo en la mesa!   Put it on the table!
¡Búscalo bien, Carlos!   Look for it carefully, Carlos!

F with a negative imperative: *after* the negative:
¡No lo pierdas!   Don't lose it!

---

23 Doubling of direct object

A **El mes de agosto lo** pasé en Estepona.   I spent the month of August in Estepona.

A Paco no **lo** he visto.   I haven't seen Paco.

- ¿Conoces a Paco?   'Do you know Paco?'
- ○ Pues no, no **lo** conozco **a él**. A su madre, sí.   'No, I don't know him, but I do know his mother.'

    ● If the object comes first in the sentence, it is repeated with the corresponding object pronoun. If the object is a stressed pronoun (**a él**), it is always repeated with the corresponding unstressed form.

B **Lo** sabe **todo**.   (S)he knows everything.
Quiero decir**lo todo**.   I want to tell everything.

    ● When **todo** is the object, **lo** is also included in the sentence.

24 Personal *a*

A He visto **a Paco**.   I've seen Paco.
A los incas los sometió Pizarro.   Pizarro overcame the Incas.

● The preposition **a** is put before a direct object when indicating a definite person. Note, however, after **tener**: **Tengo muchos amigos** I have many friends. The relative **que** as direct object is always preceded by **a**.

B Quiero **a mi país**.   I love my country.
No hay que matar **a los pájaros**.   One shouldn't (oughtn't to) kill birds.

● If the direct object indicates a personified concept or an animal, it may be preceded by **a** if one wishes to express strong emotion.

25 Indirect object pronouns *(complementos indirectos)*

S1	**me**	(to) me
2	**te**	(to) you (*informal*)
3	**le**	(to) him/her/it/you (*formal*)
P1	**nos**	(to) us
2	**os**	(to) you (*informal*)
3	**les**	(to) them/you (*formal*)

26 Position of indirect object pronouns

– ¿**Me das** mil pesetas?   'Will you give me a thousand pesetas?'
○ Sí, pero **no puedo darte** más/**no te**   'Yes, but I can't give you any more'.
puedo dar más.

● The indirect object pronouns are placed using the same rules as for direct object pronouns. See ¶ 22.

27 Doubling of indirect object

A El empleado **le** entrega los billetes **al**   The official hands the tickets to the
señor/a él.   man/to him.
El empleado **les** entrega los billetes **a**   The official hands the tickets to the
las señoras/a ellas.   ladies/to them.

● In the third person singular, **le** can indicate him, her or you (*formal*). In the third person plural, **les** can indicate them or you (*formal*). It is often evident from the context who is the person concerned, but if it is not, the meaning is clarified by putting **a** + noun or **a** + preposition form of pronoun (¶ 18B).

B **A mí me** gustaría hacer un viaje.   I would like to go on a journey.

● The preposition form may also be used to emphasize the person concerned. See also ¶ 28B.

28   Gustar and **doler** with the indirect object

A   Me gusta el café.   I like coffee.
Te duele la cabeza.   You have a headache.
Me gustan los gatos.   I like cats.
Nos duelen los pies.   Our feet hurt.

    ● **Gustar** and **doler** take the indirect object pronoun (¶ 25).

    ● Nouns used with these verbs take the definite article.

B   A mí me duele la cabeza.   I have a headache.
A él le ha gustado la película.   He liked the film.
A ellos les gustan los gatos.   They like cats.

    ● If emphasis on the person is required, or clarification with **le, les**, both the indirect object form (**me, le**, etc.) and the preposition form (**a mí, a él**, etc.) are used.

C   La isla nos gustó a todos.   We all liked the island.
A todos nos gustó la isla.   All of us liked the island.
Nos gustó a todos la isla.   We all of us liked the island.

    ● The word order may vary, depending on which word requires emphasis.

---

29   Direct and indirect object pronouns together

A

S1	– El libro. ¿**Me lo** das?	'The book. Are you giving it to me?'
2	○ No, no **te lo** doy.	'No, I'm not giving it to you.'
P1	**Nos lo** ha regalado Juan.	Juan has given it to us.
2	¿**Os lo** ha regalado?	Has he given it to you?

    ● If both the direct and indirect object pronouns are used with the same verb, the indirect object pronoun always comes first.

S3	**Se lo** doy a él.	I'm giving it to him.
	¿Los discos? **Se los** doy a ella.	The records? I'm giving them to her.
	¿La revista? **Se la** doy a usted.	The magazine? I'm giving it to you.
P3	¿La cesta? **Se la** enviamos a los Ibáñez.	The hamper? We're sending it to the Ibáñez family.
	Se la damos a las chicas.	We're giving it to the girls.
	Se la enviamos a ustedes.	We're sending it to you.

    ● If both the direct and indirect object pronouns are in the third person (singular or plural), the indirect object pronoun **le, les** becomes **se**. For doubling (**se** lo doy **a él**), see ¶ 27.

B   – Si has acabado el libro, ¿quieres **devolvérmelo?**   'If you've finished the book, will you give it back to me?'
    ○ **Te lo devolveré** mañana.   'I'll return it to you tomorrow.'
    – Bueno. **Dáselo** a mi secretaria.   'All right. Give it to my secretary.'

● For positioning, see ¶ 22.

---

30   Demonstrative adjectives and pronouns (*Los adjetivos y pronombres demostrativos*)

A   este

este coche	this car	**estos coches**	these cars
esta casa	this house	**estas casas**	these houses
esto	this		

● **Este** is used for something close to the person speaking.

● **Este** is often used in expressions of time, e.g. **esta tarde** this afternoon; **este año** this year.

B   aquel

aquel coche	that car	**aquellos coches**	those cars
aquella casa	that house	**aquellas casas**	those houses
aquello	that		

● **Aquel** is used for something at a distance from both the speaker and the person spoken to. Compare **allí**, **allá** over there.

C   ese

ese coche	that car	**esos coches**	those cars
esa casa	that house	**esas casas**	those houses
eso	that		

● **Ese** is used for something close to the person spoken to. Compare **ahí** there, near you.

D   – El coche negro me gusta.   'I like the black car.'
    ○ ¿Y **éste?**   'What about this one?'
    – Es demasiado grande. Quizás **aquél** ...   'It's too big. Perhaps that one ...'
    Se lo cuenta a su jefe. **Éste** se enfada.   He tells his boss. The latter gets angry.

● When demonstrative pronouns are used to mean 'this one', 'that one', etc. or 'the latter', 'the former', they are often written with an accent on the stressed syllable.

Indefinite pronouns (*Los pronombres indefinidos*)

A	**algo**	something, anything	**nada**	nothing, not anything
	alguien	someone, anyone	**nadie**	no one, not anyone

– ¿Desea usted **algo**?	'Do you want something?'
○ No, gracias. **No** deseo **nada**.	'No, thank you. I don't want anything.'
– ¿Había **alguien** en casa?	'Was anyone at home?'
○ Yo **no** he visto a **nadie**.	'I didn't see anyone.'
Nunca más me dirá **nada**.	'(S)he'll never say anything to me again.'
Nadie sabía **nada** del descubrimiento.	'Nobody knew anything about the discovery.'

● **Alguien** and **nadie** are used for people. They are always in the singular and never change. They are always used in a general sense when no particular person is referred to.

● If **nadie** or **nada** come *after* the verb, **no** or some other negative word must be placed *before* the verb.

● When **alguien** and **nadie** are direct objects, the preposition **a** must be placed before them (¶ 24).

B	**alguno (de), alguna (de)**	some (of), any (of)
	algunos (de), algunas (de)	some (of), any (of)
	algún hotel	some hotel, any hotel
	ninguno (de), ninguna (de)	none (of)
	ningún hotel	no hotel

– ¿Has leído **alguno de** estos libros?	'Have you read any of these books?'
○ No, no he leído **ninguno**.	'No, I haven't read any of them.'
– Tienes **algún** amigo aquí?	'Have you any friends here?'
○ No, **ninguno**.	'No, not one.'

● **Alguno** and **ninguno** are used for both people and things.

● **Alguno** and **ninguno** may stand alone and refer back to a phrase with **de**.

● When **alguno** and **ninguno** come before a masculine singular noun, they are abbreviated to **algún** and **ningún**.

● The plural forms of **ninguno** are hardly ever used.

● When **ninguno** comes *after* a verb, **no** or some other negative word must be placed *before* the verb.

C	No tengo carnet de conducir.	I have no driving licence.
	No quedan billetes.	There aren't any tickets left.

● *No, not any* in English may sometimes correspond to just **no** in Spanish.

D	Cuando **uno** viaja por California, **se** **oye** el castellano por todas partes.	When one travels in California, one hears Spanish everywhere.

● For more equivalents of English 'one', see ¶ 69.

E Para ganar **un poco de** dinero, trabajé en una clínica.	To earn a little money, I worked in a hospital.
Un poquito de suerte.	A little bit of luck.

● Unstressed *a little*, *a bit (of)* is the equivalent of **un poco (de)** or **un poquito (de)** in Spanish.

---

32 Relative pronouns *(Los pronombres relativos)*

A Que

Fuimos a Kos, **que** es una isla interesante.	We went to Kos, which is an interesting island.
Durante las dos semanas **que** estuvimos allí, hizo buen tiempo.	During the two weeks (that) we were there, the weather was fine.
Escribí a Julia, **que** todavía no me ha contestado.	I wrote to Julia, who has still not answered.

● **Que** is the most common relative pronoun. It is used for both people and things and also in both the singular and plural. **Que** is invariable.

● **Que** may never be left out like *that, who, which* are in English.

B El que, la que, los que, las que

una época difícil, en **la que** fueron frecuentes las revoluciones	a difficult time, during which revolutions were common
Las diferencias entre los 19 países en **los que** se habla el castellano son enormes.	The differences among the 19 countries in which Spanish is spoken are enormous.

● **El que**, **la que**, etc. are used for things and people for clarification, especially after prepositions.

C El cual, la cual, los cuales, las cuales

Vespucci escribió relatos, gracias a **los cuales** se creyó que él era el descubridor de América.	Vespucci wrote accounts, thanks to which people thought he was the discoverer of America.

● **El cual**, **la cual**, etc. are used for things and people for clarification, especially after prepositions. They are more common in use than **el que**, **la que**, etc.

D Quien, quienes

Son nuestros clientes **quienes** hablan todas esas lenguas.	It's our clients who speak all those languages.
Hay muchos para **quienes** el papel y el lápiz son unos inventos geniales.	There are many (people) for whom paper and pencil are brilliant inventions.

● **Quien**, **quienes** are used only for people, especially after prepositions.

E   Lo que

Se había llevado todo **lo que** había allí.	(S)he had taken with her/him everything that was there.
Le cuenta **lo que** ha pasado.	(S)he is telling him/her what has happened.

● **Lo que** corresponds to English *what, that which*.

F   Donde

en Andalucía, **donde** se encuentra la Alhambra	in Andalusia, where the Alhambra palace is

● **Donde** is really a relative adverb and corresponds to English (*in the place*) *where, (in the place) in which*.

---

33   Possessive adjectives and pronouns *(Los adjetivos y pronombres posesivos)*

A   Unstressed forms when what is possessed is:

singular	plural	
mi	**mis**	my
tu	**tus**	your (*informal*)
su	**sus**	his/her/its/your (*formal*)
nuestro/a	**nuestros/as**	our
vuestro/a	**vuestros/as**	your (*informal*)
su	**sus**	their/your (*formal*)

B   Stressed forms when what is possessed is:

singular	plural	
mío/a	**míos/as**	my; mine
tuyo/a	**tuyos/as**	your; yours (*informal*)
suyo/a	**suyos/as**	his/her/its/your; his/hers/yours (*formal*)
nuestro/a	**nuestros/as**	our; ours
vuestro/a	**vuestros/as**	your; yours (*informal*)
suyo/a	**suyos/as**	their/your; theirs/yours (*formal*)

C

mi mujer y **tu** marido	my wife and your husband
¿Dónde está **su** pasaporte?	Where is his/her/their/your passport?

● **Su** and **sus** have several meanings and may refer to **él, ella, ellos, ellas, usted** and **ustedes**.

D   Este abrigo es **mío**. El **tuyo** está allí.   This coat is mine. Yours is over there.

● When the stressed forms do not accompany a noun, they are preceded by the definite article. This is not used in combinations with **ser**.

E ¡Dios **mío**! ¡Madre **mía**! Heavens! My goodness!
Un amigo **mío** lo ha dicho. A friend of mine said so.
Muy señores **míos**: Dear Sirs,

● When the stressed forms accompany a noun, they are placed after it. This often happens in exclamations and the beginnings of letters.

---

34 Interrogative pronouns and phrases (*Los pronombres interrogativos*)

A ¿**Qué** profesión tiene? What is his/her profession?
– ¿**Qué** gigantes? -preguntó Sancho. 'What giants?' asked Sancho.
¿En **qué** ciudad vive? Which town does (s)he live in?
¿**Qué** ha dicho? What did (s)he say?

¿**Cuánto** cuesta el abrigo? How much does the coat cost?
¿**Cuántos** discos tiene? How many records has (s)he got?
¿**Cuántas** flores hay? How many flowers are there?

¿**Cuál** es la más barata? Which is the cheapest one?
¿**Cuáles** son los meses del año? What are the months of the year?

¿**Quién** escribió El Quijote? Who wrote the Quixote?
¿**Quiénes** son ustedes? Who are you?
¿**A quién** escribes? Who are you writing to?
¿**De quién** es este libro? Whose is this book?

¿**Cómo** está usted? How are you?

¿**Dónde** está la maleta? Where is the suitcase?
¿**Adónde** vas? Where are you going (to)?
¿**De dónde** vienes? Where do you come from?

¿**Cuándo** te vas? When are you leaving?
¿**Por qué** preguntas? Why do you ask?
But: Pregunto *porque* . . . I ask because . . .

● ¿**Qué**? is used for people and things. It is both an adjective and a pronoun. ¿**Qué**? is invariable.

● ¿**Quién**?, ¿**quiénes**? are used only for people. They are pronouns and therefore independent.

● ¿**Cuál**?, ¿**cuáles**? are used for people and things. They are used when a choice is necessary. They are pronouns and therefore independent.

B No sé **cómo** se llama. I don't know what (s)he's called.
Dime **dónde** vives. Tell me where you live.
No sabe **adónde** va ni **cuándo** vuelve. (S)he doesn't know where (s)he's going nor when (s)he's coming back.

● Interrogative words always have an accent, even in indirect questions.

Verbs (Los verbos) ¶ 35–76

Spanish verbs are divided into three types or conjugations according to their endings.

Conjugation 1	Conjugation 2	Conjugation 3
-ar verbs	**-er** verbs	**-ir** verbs

35

Present indicative (I speak …) *(El presente de indicativo)*

	hablar to speak	**comer** to eat	**vivir** to live
S1	hablo	como	vivo
2	hablas	comes	vives
3	habla	come	vive
P1	hablamos	comemos	vivimos
2	habláis	coméis	vivís
3	hablan	comen	viven

● Subject pronouns (**yo, tú,** etc.) are mostly not used except for clarification or special emphasis.

● Many verbs end in **-ar**, a smaller group in **-er** and a few in **-ir**.

36

Present subjunctive (I speak …) *(El presente de subjuntivo)*

	hablar to speak	**comer** to eat	**vivir** to live
S1	hable	coma	viva
2	hables	comas	vivas
3	hable	coma	viva
P1	hablemos	comamos	vivamos
2	habléis	comáis	viváis
3	hablen	coman	vivan

● Most verbs that are irregular in the S1 present indicative form their present subjunctive from this irregular form, e.g. **tengo-tenga, conozco-conozca, oigo-oiga.** For these verbs, see the verb table ¶ 81.

---

37 Stem-changing verbs *e→ie* in the present indicative and subjunctive *(Verbos con diptongo)*

		cerrar to shut, close		**querer** to want, like		**preferir** to prefer	
		indicative	*subjunctive*	*indicative*	*subjunctive*	*indicative*	*subjunctive*
S1		cierro	cierre	quiero	quiera	prefiero	prefiera
2		cierras	cierres	quieres	quieras	prefieres	prefieras
3		cierra	cierre	quiere	quiera	prefiere	prefiera
P1		cerramos	cerremos	queremos	queramos	preferimos	prefiramos
2		cerráis	cerréis	queréis	queráis	preferís	prefiráis
3		cierran	cierren	quieren	quieran	prefieren	prefieran

● The **e** in the stem of these verbs becomes a diphthong: **ie**, when stressed. Other verbs of this type are:
empezar (a) to begin; **pensar** to think; **recomendar** to recommend; **despertarse** to wake up; **sentarse** to sit down; **tener** to have, own (not in S1: **tengo** I have); **venir** to come (not in S1: **vengo** I come).

● **Preferir** changes **e** to **i** in P1 and P2 of the present subjunctive. It also takes this change in the present participle (¶ 40C), the preterite (¶ 56) and the imperfect subjunctive (¶ 59). Other **-ir** verbs of this type are:
arrepentirse to regret; **divertirse** to enjoy oneself, have fun; **sentir** to feel, be sorry for; **sugerir** to suggest; **advertir** to warn, inform; **convertirse (en)** to become, change into.

38 Stem-changing verbs *o→ue* in the present indicative and subjunctive *(Verbos con diptongo)*

		encontrar to find		**poder** to be able to		**dormir** to sleep	
		indicative	*subjunctive*	*indicative*	*subjunctive*	*indicative*	*subjunctive*
S1		encuentro	encuentre	puedo	pueda	duermo	duerma
2		encuentras	encuentres	puedes	puedas	duermes	duermas
3		encuentra	encuentre	puede	pueda	duerme	duerma
P1		encontramos	encontremos	podemos	podamos	dormimos	durmamos
2		encontráis	encontréis	podéis	podáis	dormís	durmáis
3		encuentran	encuentren	pueden	puedan	duermen	duerman

● The **o** in the stem of these verbs becomes a diphthong: **ue**, when stressed. Other verbs of this type are:
aprobar to approve; to pass (an exam); **almorzar** to eat lunch; **costar** to cost; **acostarse** to go to bed; **contar** to count, relate; **acordarse de** to remember; **sonar** to ring; **volver** to return; **doler** to ache, hurt; **llover** to rain; **morir** to die.

● One verb with **u** in the stem changes this to **ue** in the same way: **jugar a** to play: **juego, juegas, juega, jugamos, jugáis, juegan**.

● **Dormir** and **morir** change **o** to **u** in P1 and P2 of the present subjunctive. They also take this change in the present participle (¶ 40C), the preterite (¶ 56) and the imperfect subjunctive (¶ 59).

39

Vowel-changing verbs *e→i* in the present indicative and subjunctive *(Verbos con cambio de vocal)*

pedir to ask for, order

	indicative	*subjunctive*
S1	pido	pida
2	pides	pidas
3	pide	pida
P1	pedimos	pidamos
2	pedís	pidáis
3	piden	pidan

● The **e** in the stem is kept only where the ending has a stressed **i**. Other **-ir** verbs of this type are:

seguir to follow; to continue; **decir** to say; **servir** to serve; **despedirse** to say goodbye; **vestirse** to dress; **conseguir** to get, acquire; **repetir** to repeat; **reírse** to laugh; **elegir** to choose.

These verbs also take this change (**e→i**) in the present participle (¶ 40C), the preterite (¶ 56), the imperfect subjunctive (¶ 59) and the imperative (¶ 63).

40

Present participle *(El gerundio)*

A   **-ar** (stem + **-ando**)

La muchacha **está rellenando** un impreso.	The girl is filling in a form.

B   **-er**, **-ir** (stem + **-iendo**)

Se quedó en Madrid **haciendo** un cursillo de ordenadores.	He stayed in Madrid, taking a short computer course.
La muchacha **está escribiendo** los datos.	The girl is writing down the data.
El chico **estaba comiéndose** una enorme hamburguesa.	The boy was eating an enormous hamburger.
Cuando salí, **estaba lloviendo**.	When I went out, it was raining.

● **Estar** + present participle expresses something actually happening. It corresponds to the present continuous or the imperfect tense: *is doing/was doing*. The present participle is invariable.

● Note that the **i** of **-iendo** changes to **y** when it comes between two vowels: **leer** (to read) **leyendo**, **construir** (to build) **construyendo**.

C   **-ir** verbs with a vowel change in the present participle:

Decir **diciendo**; pedir **pidiendo**; servir **sirviendo**; vestirse **vistiéndose**; repetir **repitiendo**; seguir **siguiendo**; reír **riendo** (¶ 39); sonreír **sonriendo**; divertirse **divirtiéndose**; sentir **sintiendo**; preferir **prefiriendo** (¶ 37); dormir **durmiendo** (¶ 38).

D

El señor contesta **sonriendo** ...	The gentleman answers smiling ...

● The present participle shows one action happening at the same time as another.

E	Tres individuos atracaron ayer la Caja de Ahorros, **llevándose** los documentos de identidad de los empleados.	Three individuals staged a hold-up at the Savings Bank yesterday, taking with them the employees' identity cards.

● Newspapers in particular often use the present participle to show actions happening at the same time.

F	Sigue **escribiendo**.	(S)he carries on writing.
	La gente seguía **manifestándose** contra el gobierno.	People went on demonstrating against the government.
	El castellano va **ganando** terreno.	Spanish is gaining more and more ground.

● The present participle is sometimes used after **seguir** and **ir**.

---

41 Future tense (I shall/will speak . . .) *(El futuro)*

	hablar to speak	**comer** to eat	**vivir** to live
S1	**hablaré**	**comeré**	**viviré**
2	**hablarás**	**comerás**	**vivirás**
3	**hablará**	**comerá**	**vivirá**
P1	**hablaremos**	**comeremos**	**viviremos**
2	**hablaréis**	**comeréis**	**viviréis**
3	**hablarán**	**comerán**	**vivirán**

Esta noche **empezará** a llover y **lloverá** durante veinte dias.	Tonight it will start to rain and it will rain for twenty days.

● The future tense is formed from the infinitive + present indicative endings of **haber**.

● Certain stem-changes occur in some common verbs:
Decir **diré**; hacer **haré**; haber **habré** (hay **habrá**); poder **podré**; poner **pondré**; querer **querré**; saber **sabré**; salir **saldré**; tener **tendré**; venir **vendré**.

---

42 Using the future for supposition

Será un viejo secreto indio.	It's probably an ancient Indian secret.
– ¿Cuántos años tiene el niño?	'How old is the boy?'
○ No sé, **tendrá** apenas tres años.	'I don't know. He can hardly be three.'
– ¿Qué hora es?	'What's the time?'
○ **Serán** las siete y pico.	'It must be just gone seven.'
– ¿Esta entrada es suya?	'Is this ticket yours?'
○ No, no es mía. No sé de quién **será**.	'No, it's not mine. I don't know whose it can be.'

43   Other ways of expressing the future (I'm going to write ...)

A   **Ir a** + infinitive

S1	voy a escribir	P1	vamos a escribir
2	vas a escribir	2	vais a escribir
3	va a escribir	3	van a escribir

Esta tarde **voy a escribir** a mi hermano.	I'm going to write to my brother this afternoon.
Me parece que **va a llover**.	I think it's going to rain.
Vamos a dejar este tema.	Let's drop this subject.

● The future is often expressed with the present tense of the verb **ir a** + infinitive, especially when something imminent is concerned.

● When is the future tense used and when is **ir a** + infinitive? There is no hard and fast rule. The future is generally used when it is a question of a promise or agreement, and in cases where it is not your own will that decides. **Ir a** + infinitive is perhaps more common in spoken language and corresponds more often with what you are thinking of or intending doing, i.e. using your own will. Compare these two examples: **El tren saldrá a las dos. Después voy a salir a la calle.**

B   Spanish present indicative = English *shall*

¿Tomamos el autobús?	Shall we catch the bus?
¿Te traigo un café?	Shall I bring you a coffee?

● In questions in the first person (*shall I ...?, shall we ... ?*), the present indicative in Spanish corresponds to the English *shall*.

---

44   Conditional tense (I should/would speak ...) *(El condicional)*

	hablar to speak	**comer** to eat	**vivir** to live
S1	**hablaría**	**comería**	**viviría**
2	**hablarías**	**comerías**	**vivirías**
3	**hablaría**	**comería**	**viviría**
P1	**hablaríamos**	**comeríamos**	**viviríamos**
2	**hablaríais**	**comeríais**	**viviríais**
3	**hablarían**	**comerían**	**vivirían**

Me **gustaría** hacer un viaje.	I should like to take a trip.
¿No **sería** mejor irse a México?	Wouldn't it be better to go away to Mexico?
Victor me dijo que **iría** conmigo.	Victor told me he would go with me.

● The conditional tense is formed from the infinitive + imperfect indicative endings of **haber**.

● Verbs with stem-changes in the future have the same stem-changes in the conditional. See ¶ 41 and the entries for these verbs in the verb table ¶ 81.

45   Using the conditional for supposition in the past

– ¿Cuántos años tenía el niño?   'How old was the little boy?'
o No sé. **Tendría** unos tres o cuatro.   'I don't know. He could have been three or four.'

46   The future of the past (I was going to write …)

S1	iba a escribir	P1	íbamos a escribir
2	ibas a escribir	2	ibais a escribir
3	iba a escribir	3	iban a escribir

¿No **iban a tomar** medidas contra la contaminación?   Weren't they going to take measures against pollution?

● The future of the past is often expressed using the imperfect indicative of the verb **ir a** + infinitive: 'X said (that) (s)he … was going to'

47   Perfect tense (I have spoken/I spoke …) *(El pretérito compuesto)*

	hablar to speak	**comer** to eat	**vivir** to live
S1	he hablado	he comido	he vivido
2	has hablado	has comido	has vivido
3	ha hablado	ha comido	ha vivido
P1	hemos hablado	hemos comido	hemos vivido
2	habéis hablado	habéis comido	habéis vivido
3	han hablado	han comido	han vivido

● The Spanish perfect tense is formed from the present indicative of **haber** and the past participle of the main verb.

● Like the English perfect, it shows something that *has happened recently*.

● Sometimes the Spanish perfect corresponds to the English past:

Esta mañana Juan **ha comprado** un coche.   Juan bought a car this morning.
¿Qué **ha dicho**?   What did (s)he say?

48   Common verbs with irregular past participles

Abrir **abierto**; decir **dicho**; escribir **escrito**; hacer **hecho**; morir **muerto**;
poner **puesto**; resolver **resuelto**; romper **roto**; ver **visto**; volver **vuelto**.

---

49   *Acabar de* + infinitive

Acabo de llegar de Francia.	I have just come from France.
La era de la electrónica **acaba de** empezar.	The electronic age has just begun.
Acabábamos de hacerlo.	We had just done it.

● The English perfect 'to have just done something' corresponds to **acabar de** + infinitive in Spanish. The present tense is used for 'has/have just' and the imperfect for 'had just'.

---

50   *Llevar* + time expressions

El maestro **lleva** treinta años en esta escuela.	The teacher has been at this school for thirty years.
Lleva tres días lloviendo.	It has been raining for three days.

● The present indicative of **llevar** + time expression is sometimes used to show something that has happened and *is still happening*.

---

51   *Hace, hace ... que, desde hace* + time expressions

A

hace media hora	half an hour ago
La estatua fue retirada **hace** algún tiempo.	The statue was taken away some time ago.

● **Hace** + time expression corresponds to the English ... *ago.*

B

Hace una semana **que** estoy aquí.	I've been here a week (and am still here).
Todo esto ha cambiado **desde hace** unos años.	All this has been changing for some years.
Te estamos esperando **desde hace** una hora.	We've been waiting for you for an hour.
Vivo aquí **desde hace** tres años.	I've been living here for three years.

● **Hace** + time expression + **que** and **desde hace** + time expression are used when something has been going on for a certain time and *is still going on*.

---

52 Pluperfect tense (I had spoken ...) *(El pluscuamperfecto)*

	hablar to speak	**comer** to eat	**vivir** to live
S1	había hablado	había comido	había vivido
2	habías hablado	habías comido	habías vivido
3	había hablado	había comido	había vivido
P1	habíamos hablado	habíamos comido	habíamos vivido
2	habíais hablado	habíais comido	habíais vivido
3	habían hablado	habían comido	habían vivido

● The pluperfect is formed from the imperfect indicative of **haber** and the past participle of the main verb.

53 Preterite tense (I spoke ...) *(El pretérito)*

	hablar to speak	**comer** to eat	**vivir** to live
S1	hablé	comí	viví
2	hablaste	comiste	viviste
3	habló	comió	vivió
P1	hablamos	comimos	vivimos
2	hablasteis	comisteis	vivisteis
3	hablaron	comieron	vivieron

● The regular preterite tense has stressed endings.

54 Common verbs with irregular preterites

Dar **di**; decir **dije**; estar **estuve**; haber **hube** (hay **hubo**); hacer **hice**; ir **fui**; poder **pude**; poner **puse**; producir **produje**; querer **quise**; saber **supe**; ser **fui**; tener **tuve**; traer **traje**; venir **vine**; ver **vi**.

● Certain verbs have irregular preterite tenses. Their stems change and the stress in S1 and S3 often falls on the stem instead of the ending. See verb table ¶ 81.

55 Use of the preterite

The preterite is one of the tenses used in Spanish to show the past. It refers to completed actions in the past and can be used, among others, in the following cases:

A En junio **trabajé** en una clínica. Luego **fui** a Kos y en agosto **volví** a Bilbao.

In June, I worked in a clinic, then I went to Kos and in August I returned to Bilbao.

Ayer **cené** en casa de un amigo.	Yesterday I had dinner at a friend's house.
A las ocho **llegaron** las chicas.	At eight o'clock, the girls came.
Carlos **compró** el coche en 1983.	Carlos bought the car in 1983.

● for narratives or series of events that succeed one another ('first ... happened, then ..., then ...').

● for events that happened at a certain moment in time ('yesterday ...', 'at eight o'clock ...', 'in 1983 ...').

B	**Trabajé** en una clínica cinco semanas y en Kos **estuve** dos semanas.	I worked in a clinic for five weeks and spent two weeks on Kos.
	Me quedé un rato allí.	I stayed there for a while.
	Durante varios siglos, los cristianos **lucharon** contra los árabes.	The Christians fought against the Arabs for several centuries.

● for events that lasted for a limited time and are now over ('for five weeks ...', 'for a while ...', 'for several centuries ...').

C	Estaba en la calle cuando de repente me **di** cuenta de que no llevaba el bolso.	I was in the street when I suddenly noticed that I didn't have my handbag.
	Cuando **entré** en el cuarto, Ana estaba leyendo el periódico.	When I went into the room, Ana was reading the paper.
	El pintor **levantó** la tela que cubría la pintura.	The painter lifted the cloth that was covering the painting.

● for events that happened while something else was going on. (To describe something going on, the *imperfect* is used in Spanish. See ¶ 57–58.)

56   *-ir* verbs with a vowel change in the preterite

	preferir to prefer	**pedir** to ask for, order	**dormir** to sleep
S1	preferí	pedí	dormí
2	preferiste	pediste	dormiste
3	**prefirió**	**pidió**	**durmió**
P1	preferimos	pedimos	dormimos
2	preferisteis	pedisteis	dormisteis
3	**prefirieron**	**pidieron**	**durmieron**

● The vowels **e** and **o** only remain unchanged when the ending has a stressed **i**.

● Some of these **-ir** verbs take a diphthong in the present tense (see ¶ 37–38) while others take a vowel change (see ¶ 39).

● Only **morir** follows the same pattern as **dormir**.

57 Imperfect indicative (I was speaking ...) *(El imperfecto de indicativo)*

	hablar to speak	**comer** to eat	**vivir** to live
S1	hablaba	comía	vivía
2	hablabas	comías	vivías
3	hablaba	comía	vivía
P1	hablábamos	comíamos	vivíamos
2	hablabais	comíais	vivíais
3	hablaban	comían	vivían

● The regular imperfect tense has stressed endings.

● Only **ser** (era), **ir** (iba) and **ver** (veía) are irregular in the imperfect.

58 Use of the imperfect

A El chico **era** pequeñito.
The boy was really tiny.
Allí **estaba** el chico. **Estaba comiéndose** una hamburguesa.
There the boy was. He was eating a hamburger.
La chica **era** muy alta. **Tenía** el pelo moreno y **llevaba** un traje gris.
The girl was very tall. She had dark hair and was wearing a grey suit.

● The imperfect is used to describe what something or someone looked like, what someone was doing or what someone was wearing.

B **Estaba** en el cine. Entró un ladrón y me robó el bolso.
I was at the cinema. A thief came in and stole my handbag.
Llovía cuando salí a la calle.
It was raining when I went out into the street.

Juan **estaba leyendo** cuando entré.
Juan was reading when I went in.

● The imperfect is used to show something that was going on when something else happened (see ¶ 55C).

C Antes **iba** siempre en autobús al trabajo, pero ahora voy en metro.
I always used to go to work by bus before, but now I go by underground.
Ahora me levanto a las siete, pero cuando **iba** en autobús **me levantaba** a las seis.
Now I get up at seven, but when I went by bus I used to get up at six.

Pasábamos los días enteros en la playa y allí **comíamos** casi siempre.
We used to spend all day on the beach and we nearly always ate there.

● The imperfect is used to show something that used to happen, a repeated action or a habit.

59   Imperfect subjunctive (I spoke …) *(El imperfecto de subjuntivo)*

	hablar to speak	**comer** to eat	**vivir** to live
S1	hablara	comiera	viviera
2	hablaras	comieras	vivieras
3	hablara	comiera	viviera
P1	habláramos	comiéramos	viviéramos
2	hablarais	comierais	vivierais
3	hablaran	comieran	vivieran
S1	hablase	comiese	viviese
2	hablases	comieses	vivieses
3	hablase	comiese	viviese
P1	hablásemos	comiésemos	viviésemos
2	hablaseis	comieseis	vivieseis
3	hablasen	comiesen	viviesen

● Spanish has two interchangeable forms of the imperfect subjunctive. To form the first person singular of this tense, take the third person plural of the preterite and change **-ron** for **-ra** or **-se**.

● Verbs with a stem-change in the preterite have the same stem-change in the imperfect subjunctive, e.g. **tuvieron: tuvieran/tuviesen**.

● For the use of the imperfect subjunctive, see ¶ 67–68.

60   Affirmative imperative with *tú* and *vosotros*

	mirar to look at	**cerrar** to close, shut	**probar** to try (on)
S	mira	cierra	prueba
P	mirad	cerrad	probad

	comer to eat	**volver** to return
S	come	vuelve
P	comed	volved

	subir to go up	**dormir** to sleep	**seguir** to follow
S	sube	duerme	sigue
P	subid	dormid	seguid

● Verbs with a diphthong in the present tense have the same diphthong in the imperative singular. Verbs with a vowel change in the present tense have the same vowel change in the imperative singular.

61   Common verbs with irregular singular imperatives

		decir	hacer	oír	poner	salir	tener	ir	venir
		to say	to do, make	to hear	to put	to go out	to have	to go	to come
S		di	haz	oye	pon	sal	ten	ve	ven
P		decid	haced	oíd	poned	salid	tened	id	venid

62   Negative imperative with *tú* and *vosotros*

		mirar to look	**cerrar** to close, shut	**probar** to try (on)
S		no mires	no cierres	no pruebes
P		no miréis	no cerréis	no probéis

		comer to eat	**volver** to return	
S		no comas	no vuelvas	
P		no comáis	no volváis	

		subir to go up	**dormir** to sleep	**seguir** to follow
S		no subas	no duermas	no sigas
P		no subáis	no durmáis	no sigáis

● S2 and P2 forms of the present subjunctive are used in negative commands.

63   Affirmative and negative imperative with *usted* and *ustedes*

		mirar to look	**cerrar** to close, shut	**probar** to try (on)
S		mire	cierre	pruebe
P		miren	cierren	prueben

		comer to eat	**volver** to return	
S		coma	vuelva	
P		coman	vuelvan	

		subir to go up	**dormir** to sleep	**seguir** to follow
S		suba	duerma	siga
P		suban	duerman	sigan

● These forms are used for a person or persons addressed as *usted* or *ustedes*. They are the same as the S3 and P3 forms of the present subjunctive and are used in both positive and negative commands. For irregular verbs, see ¶ 64 and the verb table ¶ 81.

64   The imperative in common polite phrases

Tenga, diez pesetas.	*tener*	Here you are, ten pesetas.
Déme dos sellos.	*dar*	Give me two stamps.
Dígame.	*decir*	Hello! (answering the phone)
Oiga.	*oír*	Hello! (caller on the phone)
		Excuse me! (to attract attention)
Diga.	*decir*	Can I help you? What would you like?
Póngame un kilo.	*poner*	Give me a kilo.
Haga el favor de ...	*hacer*	Please ..., Would you kindly ...
Tráigame una cerveza.	*traer*	Bring me a beer.
Siéntese.	*sentarse*	Please sit down. (*singular*)
Siéntense.	*sentarse*	Please sit down. (*plural*)
Venga.	*venir*	Come on! Come here!
No se preocupe.	*preocuparse*	Don't worry! Never mind!

65   Position of direct and indirect object pronouns with the imperative

A
Déme su carné de conducir.	Give me your driving licence.
La puerta; **ciérrala**, por favor.	The door. Shut it, please.
Dígamelo.	Do tell me about it.

● If one or more object pronouns are used with an *affirmative imperative*, they are placed *after* this and joined to it. Note the accent.

B
– ¿Abro la ventana?	'Shall I open the window?'
○ No, **no la abras**.	'No, don't open it.'
Por favor, la multa **no me la pongas**.	Please don't give me a parking fine.
No se lo diga a Carlos, por favor.	Don't tell Carlos about it, please.

● If one or more object pronouns are used with a *negative imperative*, they are placed *before* this and *after* the negation (**no, nunca**).

66   The subjunctive in main clauses

A
La ternera quizás **esté** un poco sosa.	The veal is perhaps rather tasteless.
¡**Viva** México!	Up with Mexico!
¡Que **aproveche**!	Enjoy your meal! Bon appetit!
¡Que **te diviertas**!	Enjoy yourself! Have a good time!
¡Que **te mejores** pronto!	Get well soon!
¡Que te **vaya** bien!	Good luck!

● In main clauses, the subjunctive is often used after **quizá(s), puede que**, etc (*perhaps, maybe*). It also occurs in many common expressions, most of which begin with **que** from **quiero que ...**, **deseo que ...** etc.

B
No nos **alarmemos**.	Let's not get alarmed.
Sentémonos.	Let's sit down.

● The present subjunctive is also used in expressions corresponding to the English *let's (not), (don't) let's.*

---

67   The subjunctive in subordinate clauses

The subjunctive is used:

A   in **que**-clauses governed by expressions of wanting, hoping, forbidding, commanding and suggesting, where the subject of the **que**-clause is different from the subject of the main verb:

Quiero que mi hijo **hable** castellano.	I want my son to speak Spanish.
Espero que me **conteste** usted pronto.	I hope that you will reply quickly.
No permiten que yo la **visite**.	They won't allow me to visit her.
¿Me **recomienda que** le **escriba?**	Do you recommend me to write to him/her?
Una amiga me **ha dicho que** le **envíe** una carta a usted.	A girl-friend told me to send a letter to you.
Les **ruego (que)** me **confirmen** ...	I request you to confirm for me ...
El médico me **aconsejó que comiera** menos y que **durmiera** más.	The doctor advised me to eat less and sleep more.

B   in **que**-clauses governed by expressions of need:

Es importante que sea un hombre cariñoso.	It's important that he should be an affectionate man.
No **es necesario que seas** guapa.	It's not necessary for you to be good-looking.

C   in **que**-clauses governed by emotion and expressing subjective feelings, judgements or opinions:

Perdone que le **moleste**.	I'm sorry to trouble you.
Les **agradezco que** me **hayan reservado** ...	Thank you for booking for me ...
Es bueno que sepan que los domingos nuestras oficinas están cerradas.	It's as well for you to know that our offices are closed on Sundays.
Es raro que haya tantas cabras aquí.	It's strange that there are so many goats here.

D   in **que**-clauses governed by uncertainty and doubt:

No creo que nadie me **escriba**.	I don't believe that anyone will write to me.
Es muy posible que no **devuelva** el dinero.	It's very likely that (s)he won't return the money.

E   in relative clauses expressing requirements:

Deseo conocer a gente que viva en Sevilla.	I want to get to know people who live in Seville.
Necesito a alguien que tenga paciencia.	I need someone who is patient.

Busco un piso que tenga ventanas grandes.

I'm looking for a flat which has large windows.

Buscaré una compañera que me haga de comer.

I'll look for a partner who will cook for me.

F in clauses beginning with **para que** (so that), **antes de que** (before) and **como si** (as if, as though):

Te lo digo **para que** lo **sepas**.

I'm telling you so that you'll know.

La llevaré a los mejores restaurantes **para que** nunca **tengamos** disgustos entre ella y yo.

I'll take her to the best restaurants so that there will never be any unpleasantness between her and me.

Antes de que nos **hayamos** levantado, la cafetera automática ya habrá hecho el café.

Before we've got up, the automatic coffee-maker will have made the coffee.

Bésame mucho, **como si fuera** esta noche la última vez . . .

Kiss me a lot, as if tonight were to be the last time . . .

G in time clauses expressing the future, e.g. after **cuando**:

Cuando yo **sea** grande me compraré un carro.

When I'm grown up, I shall buy a car.

Y **cuando tengamos** hijos seré el hombre más feliz del mundo.

And when we have children, I'll be the happiest man in the world.

H in clauses beginning with **aunque** (even if):

Vendré **aunque llueva**.

I'll come even if it rains.

But: Sale el sol *aunque está* lloviendo.

The sun is coming out although it's raining.

68 Conditional sentence types (what would happen or would have happened if . . .)

A **Si fuera** un Picasso, **costaría** cinco millones.

If it were a Picasso, it would cost five million.

Entenderíamos lo que dice **si hablara usted** más despacio.

We would understand what you're saying if you spoke more slowly.

● *Si-clause*: imperfect subjunctive   *Main clause*: conditional

B **Si ese hombre no hubiera ido** tan rápido, **no habría pasado** nada.

If that man hadn't been driving so fast, nothing would have happened.

Si tú no hubieses estado mirando aquella moto, **no habría ocurrido/no hubiera ocurrido** nada.

If you hadn't been looking at that motor-cycle, nothing would have happened.

● *Si-clause*: pluperfect subjunctive   *Main clause*: perfect conditional or pluperfect subjunctive in **-ra** form.

69 Impersonal reflexive – English 'one' or passive

A **Se puede decir** que vivíamos en la playa.
One can say that we used to live on the beach.

Lo que sí **se sabe** es que ...
What one does know is that ...

● The impersonal reflexive often corresponds to 'one' in English. The verb is in the third person singular when there is no noun.

B **Se oye el castellano** por todas partes.
Spanish is heard everywhere.

Aquí **se hablan todas las lenguas**.
All languages are spoken here.

Se exporta vino, pero también **se exportan naranjas**.
Wine is exported, but oranges are exported too.

● The impersonal reflexive also corresponds to the English passive. The reflexive verb is singular if it refers to *one* thing, but plural if it refers to *several* things.

C **Se ve a una** muchacha.
One can see a girl.

Se ve a unos señores.
Some men can be seen.

● The reflexive verb is always singular if it refers to people, whether there is one person or several.

D **Dicen que** la merluza del Cantábrico es la mejor de España.
They (*i.e.* people) say that hake from the Bay of Biscay is the best in Spain.

Llaman a la puerta.
They are (*i.e.* someone is) knocking at the door.

● The third person plural of the present indicative in Spanish is often the equivalent of the vague English 'they', 'people' or 'someone'.

70 The passive

El presidente **es respetado por todos**.
The president is respected by everyone.

La estatua **fue retirada**.
The statue was taken away.

● The passive in Spanish is formed from **ser** + past participle. The participle always agrees with the subject.

71 Use of *estar*

A Acapulco **está** en México.
Acapulco is in Mexico.

Juan **está** en la sala.
Juan is in the living-room.

Mi coche **está** en el garaje.
My car is in the garage.

● **Estar** = to be (situation, place, position)

B – ¿Cómo **está** usted?
'How are you?'

○ **Estoy** bien, gracias.
'I'm fine, thanks.'

● **Estar** = to be (state of health)

72 Use of *ser*

Mi hermano **es** mecánico.	My brother is a mechanic. (occupation)
Esta señora **es** mi madre.	This lady is my mother. (relationship)
La mayoría de los españoles **son** católicos.	Most Spaniards are Catholics. (religion)
García Márquez **es** colombiano.	García Márquez is Columbian. (nationality)
Es el nueve de noviembre.	It's the ninth of November. (date)
Son las doce.	It's twelve o'clock. (time)
Picasso **era** de Málaga.	Picasso was from Malaga. (origin)
– ¿Qué **es** esto?	'What's this?'
○ **Es** un cuadro.	'It's a picture.' (definition, explanation)

● **Ser** is used with nouns or other words functioning as nouns. It shows occupation, relationship, religion, etc.

---

73 *Ser* and *estar* with adjectives

Either **ser** or **estar** can be used with adjectives. Which is chosen depends on how the adjective is interpreted and what it refers to.

A

La chica **es** muy alta.	The girl is very tall. (appearance)
Es morena.	She's dark. (appearance)
Es muy simpática.	She's very nice. (character)
Su maleta **es** negra.	Her suitcase is black. (colour)
Es grande y larga.	It's big and long. (shape)

● **Ser** is used if the adjective shows some permanent characteristic of a person or thing.

B

El piso **estaba** vacío.	The flat was empty. (Someone had taken the contents.)
El mar ya no **está** limpio.	The sea is no longer clean. (Someone has polluted it.)
Estoy muy contento.	I'm very happy. (Someone or something has made me happy.)
Muchos **están** orgullosos de su lengua.	Many people are proud of their language. (Something has made them proud.)
La merluza **está** excelente.	The hake is excellent. (It has been cooked well.)

● **Estar** is used if the adjective shows something temporary; the result of a change taking place.

C

El inspector **está** muy **sorprendido**.	The inspector is very surprised. (Something has surprised him.)
La Península Ibérica **está poblada** desde hace muchos años.	The Iberian Peninsula has been inhabited for many years. (People have inhabited it.)

Estaba muy **impresionado** por la ciencia de su amigo.	I was very impressed by your friend's knowledge. (Something had impressed me.)
Mis pilas **están** bastante **gastadas**.	My batteries are quite run down. (Use has worn them out.)
Yo **estaba encantado**.	I was delighted. (Something had delighted me.)

● When a past participle is used as an adjective, the verb is nearly always **estar**.

---

74   *Ser* versus *estar*

Compare these sentences where **ser** and **estar** are used with the same adjective. The choice of verb affects the meaning.

A
El cielo **es** azul.	The sky is blue.
¡Mira! ¡Qué azul **está** el cielo hoy!	Look how blue the sky is today!

● **Ser:** It is characteristic of the sky to be blue. **Estar:** Today in particular, the sky looks unusually blue.

B
– Pedro no **está** muy simpático hoy.	'Pedro isn't very nice today.'
○ ¡Qué raro! El que **es** tan simpático.	'How strange! He's usually so charming.'

● **Estar:** He is not making a good impression today. **Ser** It is characteristic of him to be pleasant.

C
La película **es** triste.	The film is sad.
Ana **está** triste.	Ana is sad.

● **Ser:** The film comes in the category of 'sad' films. **Estar:** Something has made her sad; she feels sad.

D
Estas uvas **son** dulces.	These grapes are sweet.
Este café **está** muy dulce.	This coffee is very sweet.

● **Ser:** They are a sweet kind of grape. **Estar:** Someone has put too much sugar in.

E
No **soy** una persona nerviosa, pero con tanta gente **estoy** muy nervioso.	I'm not a nervous kind of person, but I'm very nervous with so many people.
– ¡Qué joven **está** usted, abuelito!	'How young you look, grandpa!'
○ Y tú, ¡qué joven **eres**, niño!	'And you, how young you *are*, my boy!'
– ¡Qué guapa **estás**!	'How pretty you look!'
○ No **estoy** guapa, lo **soy**!	'I don't *look* pretty, I *am* pretty!'

● **Ser:** People actually are so by nature. **Estar:** They seem or appear so.

F
Estoy listo con la tarea.	I've finished the job.
¡Qué **listo** eres!	How clever you are!

75 Some condensed clauses

A **Al** + infinitive
Al entrar, descubrieron que el piso estaba vacío.
On going in, they discovered that the flat was empty.
Al salir, se despidió.
As (s)he went out, (s)he said goodbye.

B **Antes de** + infinitive
Antes de empezar las vacaciones, le escribí una carta.
Before the holidays started, I wrote her/him a letter.
Antes de terminar el día, todos estuvieron de acuerdo.
Before the day was over, everyone agreed.

C **Después de** + infinitive
Después de mirar durante un buen rato, llamó a sus colegas.
After looking for quite a while, he called in his colleagues.

D Main clause omitted before **que**-clause
– Pero hombre, ¿qué te pasa?
'But what's wrong, old chap?'
○ **Que** ha desaparecido mi mochila.
'My rucksack has disappeared.'
Pero **que** también trabaje mi hermano y **que** también coopere para hacer feliz a mi madre.
But my brother should work too and also help to make my mother happy.
... **que** he leído que la gente aquí vive muchos años.
... for I've read that the people here live for a long time.

● Before **que**-clauses, the whole of the main clause is sometimes omitted when its verb is one of saying or feeling. For examples with the verb of the subordinate clause in the indicative, see 1 and 3 above. For an example of wishing or requesting with the verb of the subordinate clause in the subjunctive, see 2 above. This use is very common in everyday speech.

---

76 Negatives

A **No** está en Santiago.
It/(s)he isn't in Santiago.
No ha comprado el piso.
(S)he hasn't bought the flat.
¡**No** lea mas!
Don't read any more!

● **No** is placed before a simple verb, before the auxiliary verb in a compound tense and before the imperative.

B **No** desayuno **nunca** en casa.
I never have breakfast at home.
Pablo **nunca** desayuna en la cafetería.
Pablo never has breakfast at the cafe.
No quiero **nada** más.
I don't want anything else.
Nada especial.
Nothing special.
No hay **ningún** hotel por aquí.
There is no hotel round here.
No ha llegado **nadie**.
No one has arrived.
No llovió **ni** un solo día.
It didn't rain, not for a single day.
El explorador **nunca** le preguntó **nada** sobre su secreto.
The explorer never asked him anything about his secret.
Nadie sabía **nada** de **ningún** descubrimiento.
No one knew anything about any discovery.

- If **nunca, nada, ninguno, nadie** or **ni** come *after* the verb, **no** or some other negative word must be placed *before* the verb.

C ¿La carta? Yo **no** la tengo.   The letter? I haven't got it.
   No la he leído.   I haven't read it.
   ¿**No** me das la carta?   Won't you give me the letter?
   No me acuerdo del nombre.   I can't remember the name.

- **No** is always placed before the object pronoun, whether it is direct, indirect or reflexive.

Diminutives (Los diminutivos) ¶ 77

77

A con un **poquito** de suerte   with a little bit of luck
   un **cursillo** de ordenadores   a short computer course
   El chico era **pequeñito**.   The boy was tiny.
   ¿Pueden esperar un **ratito**?   Can you wait a little while?
   Tráiganos otra **botellita** de agua mineral.   Bring us another small bottle of mineral water.
   Vivía en un **pueblecito** de la costa.   (S)he lived in a little town on the coast.

- The endings **-ito, -cito, -(c)illo** may be added to nouns and adjectives to form diminutives: **poco** little; **curso** course; **pequeño** small; **rato** a while; **botella** bottle; **pueblo** town. See also spelling changes ¶ 78.

B Iré a ver a mis **abuelitos**.   I'll go and see my grandma and grandpa.

   besitos para **Juanito**   kisses to little Juan

- Diminutive endings often express affection, tenderness and closeness.

Pronunciation and spelling (La pronunciación y la ortografía) ¶ 78–79

78

Some spelling changes

1 K-sound   **sacar saqué**
                Marruecos marroquí } **c→qu** before **e, i**

2 G-sound   **pagar pagué**
                algo alguien } **g→gu** before **e, i**

3	C-sound	empezar empecé taza tacita	} z→c before **e, i**
4	Jota-sound	coger cojo, coja	g→j before **o, a**

5 The **i**-sound is written with the letter *i* except when it falls between two vowels, when it becomes **y**, e.g. in ¡o*y*e! (listen!). Compare ¡o*i*ga! (listen!).

6 Before words beginning with **i**- or **hi**-, **y** (and) becomes **e**, e.g. **padre e hijos** (father and sons); **España e Inglaterra** (Spain and England). Note, however, that before words beginning with **hie**-, **y** does not change, e.g. **carbón y hierro** (coal and iron).

7 Before words beginning with **o**- or **ho**-, *o* (or) becomes **u**, e.g. **siete u ocho** (seven or eight).

8 Between figures, *o* (or) has an accent, e.g. **6 ó 7**.

---

79 The Spanish Alphabet

a [a]	g [χe]	n [ene]	t [te]
b [be]	h [atʃe]	ñ [eɲe]	u [u]
'be de Barcelona'	i [i]	o [o]	u [uβe]
c [θe]	j [χota]	p [pe]	'be de Valencia'
ch [tʃe]	k [ka]	q [ku]	x [ekis]
d [de]	l [ele]	r [ere]	y [iɣrjeɣa]
e [e]	ll [eʎe]	rr [er̃e] 'erre'	'i griega'
f [efe]	m [eme]	s [ese]	z [zeta]

● **ch, ll, ñ** and **rr** are separate letters in Spanish. In alphabetical lists, **ch** usually comes after **c, ll** after **l** and **ñ** after **n**.

● **b** and **v** sound virtually identical in spoken Spanish, so there is a need to distinguish between them when spelling.

● All the letters are feminine.

Spanish in Latin America (El español en Latinoamérica) ¶ 80

80

Just as there are differences in European Spanish (Andalusian, Castilian, etc.) there are also differences in Latin-American Spanish. It is possible to draw a border line between 'lowland Spanish', spoken in the areas round the Caribbean Sea and in South America (Argentina, Uruguay and Chile), and 'highland Spanish', as spoken, for instance, in Peru, Colombia and Mexico.

The differences largely affect pronunciation and vocabulary, although there are also a few grammatical differences. But it is important to remember that people from different parts of the Spanish-speaking world can understand each other without any difficulty.

Pronunciation

In European Spanish, most differences from standard Castilian are found in the dialectal variations of southern and western Spain.

In Spanish America, it is in the lowland areas (the Caribbean and La Plata region) where pronunciation differs most from standard Castilian.

Seseo: All over Spanish America (and in the Canary Islands and parts of southern Spain), *z* and *c* before *e* and *i* are pronounced like an ordinary English *s*-sound. This is called *seseo*, as in *policía* [poli'sia], *taza* ['tasa].

's' without the sh-sound: In Castilian Spanish, *s* is pronounced more like the *sh*-sound, i.e. formed with the tip of the tongue below the lower teeth. In Spanish America (as in the Canary Islands and parts of southern Spain), *s* is pronounced like an ordinary English *s*.

Weak 's': In the lowland areas, *s* before a consonant or word-ending has a tendency to be weakened considerably, or simply disappear. This also happens in the Canary Islands and in southern Spain. *S* is pronounced with an *h*-like sound, as in, for instance: *Las muchachas no están en España* [la^h mu'tʃatʃa^h nɔ e$^{h'}$tan en e^{h}paɲa].

Consonant weakening: In the same areas where *s* is weak in word and syllable endings, the pronunciation of other consonants is also weak, e.g. the final *r* (*hablá* instead of *hablar*), the *d* in *-ado* (*comprao* instead of *comprado*), the *jota*-sound (*bajo* is pronounced [baho]) and the final *n*, which can almost sound like a French nasal (*bien* is pronounced [bjɛ̃] or [bjen]). This is also very common in the Caribbean.

Yeísmo: All over Spanish America, the sounds for *ll* and *y* are the same, i.e. they are pronounced like a *y*-sound. This is also very widespread in Spain and is called *yeísmo*. In the La Plata countries (Argentina and Uruguay), this *y* becomes a stressed *sh*-sound as in *calle* ['kaʒe] or *castellano* [ka^{h}te'ʒano]; yo [ʒo]; *uruguayo* [uru'waʒo], etc.

Grammar

There are certain grammatical differences between European and American Spanish in the use of pronouns and in some verb forms and tenses.

Loísmo: All over Spanish America, *lo* and *los* are used instead of *le* and *les* as the masculine object pronoun referring to people. This is called *loísmo* and occurs in Spain, too, especially in the south of the country; as in *¿Has visto a Juan? – Sí, lo ví ayer.* As the overwhelming majority of the more than 250 million people in the world who speak Spanish use *loísmo*, we have chosen this variation for the texts and dialogues of *¡Ya!*

Voseo: This occurs most of all in Argentina and Uruguay, but also in parts of Central America. It involves using *vos* as a form of address instead of *tú*.

The forms that follow *vos* in *-ar* and *-er* verbs are the same as in the second person plural minus the letter 'i': and *sois* becomes *sos*, *vais* becomes *vas*, *hacéis* becomes *hacés*). So you say *vos sos* (= tú eres) and *vos hacés* (= tú haces). *Vos*

takes the object pronoun *te* and the possessive form *tu*, eg: *Y a vos, ¿cómo te va?*
¿Hablás con tu hermano? The imperative form used with *voseo* is the second
person plural, but without the *-d*. You say *mirá* (= mira), *fíjate* (= fíjate) and
escúchame) (=escúchame). For further examples of *voseo* in dialogues from
Buenos Aires, see Unit 33.

'Ustedes' vs. 'vosotros': Wherever *voseo* is used and in most places where *tú* is
said, *ustedes* is used instead of *vosotros*. *Ustedes* is thus the form for addressing
everyone in the plural, both formally and informally. This also occurs in dialect
in Andalusia, Extremadura and the Canary Islands.

Use of the preterite: In many areas of Spanish America, the preterite is used
where the perfect would be used in Spain, for instance: *Yo toda mi vida quise ser
policía* (Unit 33) instead of... *he querido ser policía* and *¿Se enteraron ustedes que..?*
(Unit 34) instead of *¿Os habéis enterado que...?*

Diminutives: It is very common all over Spanish America to use the
diminutive forms to emphasize the meaning of a word rather than to show
smallness or affection (see Grammar ¶ 77 A–B), for instance: *ahorita* (at once)
and *hasta lueguito* are used instead of *ahora* or *hasta luego*.

Vocabulary

As a result of the Spanish conquest of America, a number of Indian words were
absorbed into the European language. For examples of such words, see Unit
14. Indian languages (for instance: *Nahuatl* in Mexico, *Quechua* in Ecuador and
Peru, and *Guaraní* in Paraguay) affected the vocabulary of Spanish rather than
other features of the language.

Apart from this influence, vocabulary is comparatively uniform throughout the
Spanish-speaking world. Many words usually regarded as 'Americanisms'
stem, in fact, from old Spanish or words still in use in Spanish dialects today.

Here are some words with different meanings in Spanish America and Spain:

If a Spanish-American says:	(s)he probably means:	A Spaniard might think:	and would say:
acá	here	round here	aquí
allá	there	over there	allí
apurarse	to hurry up	to fret about	darse prisa
boleto	ticket	lottery ticket	billete
carro	car	cart	coche
cómo no	of course	obviously	claro
chico	small, little	boy	pequeño
flojo	lazy	weak, feeble	perezoso
fósforo	match	phosphorous	cerilla
manejar	to drive a car	to handle, see to	conducir
no más	only	no longer	sólo
papa	potato	pope	patata
pararse	to get up	to stay	levantarse
plata	money	silver	dinero

For examples of further local differences, see the dialogues from Bogotá and
Buenos Aires in Unit 33.

Irregular verbs (Los verbos irregulares) ¶81

81

On the following pages are the most important irregular verbs that appear in the texts. They are set out as follows:

● The forms are in the order they are introduced into the texts: present indicative, perfect, preterite, imperfect indicative, etc.

● The present tense form is given in full throughout, regardless of the degree of its irregularity.

● For wholly regular forms in other tenses, the first person singular is given.

● Wholly or partly irregular forms are either given in full, or, when the continuation is obvious, in the first and second person followed by *etc*.

	pres. indicative	perfect	preterite	imperf. indicative	pluperfect

abrir to open *pres. participle* abriendo

	pres. indicative	perfect	preterite	imperf. indicative	pluperfect
S1	abro	he **abierto**	abrí	abría	había **abierto**
2	abres	**has abierto**			habías **abierto**
3	abre	*etc*			*etc*
P1	abrimos				
2	abrís				
3	abren				

agradecer to be grateful, thank *pres. participle* agradeciendo

	pres. indicative	perfect	preterite	imperf. indicative	pluperfect
S1	**agradezco**	he agradecido	agradecí	agradecía	había agradecido
2	agradeces				
3	agradece				
P1	agradecemos				
2	agradecéis				
3	agradecen				

andar to walk *pres. participle* andando

	pres. indicative	perfect	preterite	imperf. indicative	pluperfect
S1	ando	he andado	**anduve**	andaba	había andado
2	andas		**anduviste**		
3	anda		**anduvo**		
P1	andamos		**anduvimos**		
2	andáis		**anduvisteis**		
3	andan		**anduvieron**		

aparecer to show oneself, appear: *see* agradecer

atraer to attract: *see* traer

caer to fall *pres. participle* cayendo

	pres. indicative	perfect	preterite	imperf. indicative	pluperfect
S1	**caigo**	he caído	caí	caía	había caído
2	caes		caíste		
3	cae		cayó		
P1	caemos		caímos		
2	caéis		caísteis		
3	caen		cayeron		

coger to take hold of *pres. participle* cogiendo

	pres. indicative	perfect	preterite	imperf. indicative	pluperfect
S1	cojo	he cogido	cogí	cogía	había cogido
2	coges				
3	coge				
P1	cogemos				
2	cogéis				
3	cogen				

	future	conditional	pres. subjunctive	imperf. subj. 1	imperf. subj. 2
imperative	S2 abre	P2 abri	S3 abra	P3 abran	
S1	abriré	abriría	abra	abriera	abriese
2					
3					
P1					
2					
3					

	future	conditional	pres. subjunctive	imperf. subj. 1	imperf. subj. 2
imperative	S2 agradece	P2 agradeced	**S3 agradezca**	**P3 agradezcan**	
S1	agradeceré	agradecería	**agradezca**	agradeciera	**agradeciese**
2			**agradezcas**		
3			*etc*		
P1					
2					
3					

	future	conditional	pres. subjunctive	imperf. subj. 1	imperf. subj. 2
imperative	S2 anda	P2 andad	S3 ande	P3 anden	
S1	andaré	andaría	ande	**anduviera**	**anduviese**
2				**anduvieras**	**anduvieses**
3				*etc*	
P1					
2					
3					

	future	conditional	pres. subjunctive	imperf. subj. 1	imperf. subj. 2
imperative	S2 cae	P2 caed	**S3 caigan**	**P3 caigan**	
S1	caeré	caería	**caiga**	cayera	cayese
2			**caigas**	cayeras	cayeses
3			*etc*	*etc*	*etc*
P1					
2					
3					

	future	conditional	pres. subjunctive	imperf. subj. 1	imperf. subj. 2
imperative	S2 coge	P2 coged	S3 coja	P3 cojan	
S1	cogeré	cogería	coja	cogiera	cogiese
2			cojas		
3			*etc*		
P1					
2					
3					

	pres. indicative	perfect	preterite	imperf. indicative	pluperfect

conducir   to drive, lead   *pres. participle* conduciendo

	pres. indicative	perfect	preterite	imperf. indicative	pluperfect
S1	**conduzco**	he conducido	**conduje**	conducía	había conducido
2	conduces		**condujiste**		
3	conduce		**condujo**		
P1	conducimos		**condujimos**		
2	conducís		**condujisteis**		
3	conducen		**condujeron**		

conocer   to know, get to know a person   *pres. participle* conociendo

	pres. indicative	perfect	preterite	imperf. indicative	pluperfect
S1	**conozco**	he conocido	conocí	conocía	había conocido
2	conoces				
3	conoce				
P1	conocemos				
2	conocéis				
3	conocen				

conseguir   to obtain, get, attain: *see* seguir

constituir   to form, constitute   *pres. participle* constituyendo

	pres. indicative	perfect	preterite	imperf. indicative	pluperfect
S1	**constituyo**	he constituido	constituí	constituía	había constituido
2	**constituyes**		constituiste		
3	**constituye**		constituyó		
P1	constituimos		constituimos		
2	constituís		constituisteis		
3	**constituyen**		constituyeron		

crecer   to grow: *see* agradecer

cubrir   to cover   *pres. participle* cubriendo

	pres. indicative	perfect	preterite	imperf. indicative	pluperfect
S1	cubro	he **cubierto**	cubrí	cubría	había **cubierto**
2	cubres	has **cubierto**			habías **cubierto**
3	cubre	*etc*			*etc*
P1	cubrimos				
2	cubrís				
3	cubren				

dar   to give   *pres. participle* dando

	pres. indicative	perfect	preterite	imperf. indicative	pluperfect
S1	**doy**	he dado	**di**	daba	había dado
2	**das**		**diste**		
3	**da**		**dio**		
P1	**damos**		**dimos**		
2	**dais**		**disteis**		
3	**dan**		**dieron**		

	future	*conditional*	*pres. subjunctive*	*imperf. subj. 1*	*imperf. subj. 2*

	imperative	S2 conduce	P2 conducid	S3 **conduzca**	P3 **conduzcan**

	future	*conditional*	*pres. subjunctive*	*imperf. subj. 1*	*imperf. subj. 2*
S1	conduciré	conduciría	**conduzca**	**condujera**	**condujese**
2			**conduzcas**	**condujeras**	**condujeses**
3			*etc*	*etc*	*etc*
P1					
2					
3					

	imperative	S2 conoce	P2 conoced	S3 **conozca**	P3 **conozcan**
S1	conoceré	conocería	**conozca**	conociera	conociese
2			**conozcas**		
3			*etc*		
P1					
2					
3					

	imperative	S2 **constituye**	P2 constituid	S3 **constituya**	P3 **constituyan**
S1	constituiré	constituiría	**constituya**	constituyera	constituyese
2			**constituyas**	constituyeras	constituyeses
3			*etc*	*etc*	*etc*
P1					
2					
3					

	imperative	S2 cubre	P2 cubrid	S3 cubra	P3 cubran
S1	cubriré	cubriría	cubra	cubriera	cubriese
2					
3					
P1					
2					
3					

	imperative	S2 **da**	P2 dad	S3 **dé**	P3 **den**
S1	daré	daría	**dé**	**diera**	**diese**
2			**des**	**dieras**	**dieses**
3			**dé**	*etc*	*etc*
P1			**demos**		
2			**deis**		
3			**den**		

	pres. indicative	*perfect*	*preterite*	*imperf. indicative*	*pluperfect*

decir   to say   *pres. participle* **diciendo**

	pres. indicative	*perfect*	*preterite*	*imperf. indicative*	*pluperfect*
S1	digo	he **dicho**	dije	decía	había **dicho**
2	dices	has **dicho**	dijiste		habías **dicho**
3	dice	*etc*	dijo		*etc*
P1	decimos		dijimos		
2	decís		dijisteis		
3	dicen		dijeron		

desaparecer   to disappear, vanish: *see* agradecer

descubrir   to discover: *see* cubrir

detener   to arrest, detain, stop: *see* tener

devolver   to return, give back: *see* volver

dirigir   to lead, direct   *pres. participle* dirigiendo

	pres. indicative	*perfect*	*preterite*	*imperf. indicative*	*pluperfect*
S1	dirijo	he dirigido	dirigí	dirigía	había dirigido
2	diriges				
3	dirige				
P1	dirigimos				
2	dirigís				
3	dirigen				

distraer   to distract: *see* traer

dormir   to sleep   *pres. participle* **durmiendo**

	pres. indicative	*perfect*	*preterite*	*imperf. indicative*	*pluperfect*
S1	**duermo**	he dormido	dormí	dormía	había dormido
2	**duermes**		dormiste		
3	**duerme**		**durmió**		
P1	dormimos		dormimos		
2	dormís		dormisteis		
3	**duermen**		**durmieron**		

escribir   to write   *pres. participle* escribiendo

	pres. indicative	*perfect*	*preterite*	*imperf. indicative*	*pluperfect*
S1	escribo	he **escrito**	escribí	escribía	había **escrito**
2	escribes	has **escrito**			habías escrito
3	escribe	*etc*			*etc*
P1	escribimos				
2	escribís				
3	escriben				

	future	conditional	pres. subjunctive	imperf. subj. 1	imperf. subj. 2
imperative	S2 di	P2 decịd	S3 dịga	P3 dịgan	

	future	conditional	pres. subjunctive	imperf. subj. 1	imperf. subj. 2
S1	dirẹ́	dirịa	dịga	dijẹra	dijẹse
2	dirás	dirịas	dịgas	dijẹras	dijẹses
3	*etc*	*etc*	*etc*	*etc*	*etc*
P1					
2					
3					

imperative	S2 dirịge	P2 dirigịd	S3 dirịja	P3 dirịjan	

	future	conditional	pres. subjunctive	imperf. subj. 1	imperf. subj. 2
S1	dirigirẹ́	dirigirịa	dirịja	dirigịera	dirigịese
2			dirịjas		
3			*etc*		
P1					
2					
3					

imperative	S2 **duẹrme**	P2 dormịd	S3 **duẹrma**	P3 **duẹrmạn**	

	future	conditional	pres. subjunctive	imperf. subj. 1	imperf. subj. 2
S1	dormirẹ́	dormirịa	**duẹrma**	durmịera	durmịese
2			**duẹrmas**	durmịeras	durmịeses
3			**duẹrma**		
P1			**durmạmos**		
2			**durmáis**		
3			**duẹrman**		

imperative	S2 escrịbe	P2 escribịd	S3 escrịba	P3 escrịban	

	future	conditional	pres. subjunctive	imperf. subj. 1	imperf. subj. 2
S1	escribirẹ́	escribirịa	escrịba	escribịera	escribịese
2					
3					
P1					
2					
3					

	pres. indicative	perfect	preterite	imperf. indicative	pluperfect

estar   to be (location or state of health)   *pres. participle* estando

S1	**estoy**	he estado	**estuve**	estaba	había estado
2	**estás**		estuviste		
3	**está**		estuvo		
P1	estamos		estuvimos		
2	estáis		estuvisteis		
3	**están**		estuvieron		

haber   to have (as auxiliary verb)   *pres. participle* habiendo

S1	**he**		**hube**	había	
2	**has**		hubiste		
3	**ha**		hubo		
P1	**hemos**		hubimos		
2	habéis		hubisteis		
3	**han**		hubieron		

haber   to exist (impersonal)   *pres. participle* habiendo

S3	hay	ha habido	**hubo**	había	había habido

hacer   to do, make   *pres. participle* haciendo

S1	**hago**	he **hecho**	**hice**	**hacía**	había **hecho**
2	haces	has **hecho**	hiciste		habías **hecho**
3	hace	*etc*	hizo		*etc*
P1	hacemos		hicimos		
2	hacéis		hicisteis		
3	hacen		hicieron		

huir   to flee, escape   *pres. participle* huyendo

S1	**huyo**	he huido	**huí**	huía	había huido
2	**huyes**		huiste		
3	**huye**		huyó		
P1	huimos		huimos		
2	huís		huisteis		
3	**huyen**		huyeron		

influir   to influence: *see* huir

	future	*conditional*	*pres. subjunctive*	*imperf. subj. 1*	*imperf. subj. 2*
imperative	S2 **está̦** P2 esta̦d		S3 **esté̦** P3 **esté̦n**		
S1	estaré̦	estaría	esté̦	estuvié̦ra	estuvié̦se
2			esté̦s	estuvié̦ras	estuvié̦ses
3			esté̦	*etc*	*etc*
P1			esté̦mos		
2			esté̦is		
3			esté̦n		

S1	**habré̦**	**habría**	**ha̦ya**	**hubié̦ra**	**hubié̦se**
2	**habrás**	**habrías**	**ha̦yas**	**hubié̦ras**	**hubié̦ses**
3	*etc*	*etc*	*etc*	*etc*	*etc*
P1					
2					
3					

	habrá̦	**habría**	**ha̦ya**	**hubié̦ra**	**hubié̦se**
imperative	S2 **haz** P2 hacé̦d		S3 **ha̦ga** P3 **ha̦gan**		
S1	**haré̦**	**haría**	**ha̦ga**	**hicié̦ra**	**hicié̦se**
2	**harás**	**harías**	**ha̦gas**	**hicié̦ras**	**hicié̦ses**
3	*etc*	*etc*	*etc*	*etc*	*etc*
P1					
2					
3					

imperative	S2 **hu̦ye** P2 hui̦d		S3 **hu̦ya** P3 **hu̦yan**		
S1	huiré̦	huiría	**hu̦ya**	**huyé̦ra**	**huyé̦se**
2			hu̦yas	huyé̦ras	huyeses
3			*etc*	*etc*	*etc*
P1					
2					
3					

	pres. indicative	perfect	preterite	imperf. indicative	pluperfect

ir to go, travel *pres. participle* yendo

	pres. indicative	perfect	preterite	imperf. indicative	pluperfect
S1	voy	he ido	fui	iba	había ido
2	vas		fuiste	ibas	
3	va		fue	iba	
P1	vamos		fuimos	íbamos	
2	vais		fuisteis	ibais	
3	van		fueron	iban	

jugar to play (games) *pres. participle* jugando

	pres. indicative	perfect	preterite	imperf. indicative	pluperfect
S1	juego	he jugado	jugué	jugaba	había jugado
2	juegas		jugaste		
3	juega		etc		
P1	jugamos				
2	jugáis				
3	juegan				

morir to die *pres. participle* muriendo

	pres. indicative	perfect	preterite	imperf. indicative	pluperfect
S1	muero	he muerto	morí	moría	había muerto
2	mueres	has muerto	moriste		habías muerto
3	muere	etc	murió		etc
P1	morimos		morimos		
2	morís		moristeis		
3	mueren		murieron		

nacer to be born *pres. participle* naciendo

	pres. indicative	perfect	preterite	imperf. indicative	pluperfect
S1	nazco	he nacido	nací	nacía	había nacido
2	naces				
3	nace				
P1	nacemos				
2	nacéis				
3	nacen				

oír to hear *pres. participle* oyendo

	pres. indicative	perfect	preterite	imperf. indicative	pluperfect
S1	oigo	he oído	oí	oía	había oído
2	oyes		oíste		
3	oye		oyó		
P1	oímos		oímos		
2	oís		oísteis		
3	oyen		oyeron		

parecer to seem: *see* agradecer

	future	conditional	pres. subjunctive	imperf. subj. 1	imperf. subj. 2
imperative		S2 ve P2 id S3 vạya P3 vạyan			
S1	iré	iría	vạya	fuẹra	fuẹse
2			vạyas	fuẹras	fuẹses
3			vạya	*etc*	*etc*
P1			vayạmos		
2			vayáis		
3			vạyan		

imperative		S2 juẹga P2 jugạd S3 juẹgue P3 juẹgen			
S1	jugaré	jugaría	juẹgue	jugạra	jugạse
2			juẹges		
3			juẹgue		
P1			juguẹmos		
2			juguéis		
3			juẹguen		

imperative		S2 muẹre P2 morịd S3 muẹra P3 muẹran			
S1	moriré	moriría	muẹra	muriẹra	muriẹse
2			muẹras	muriẹras	muriẹses
3			muẹra	*etc*	*etc*
P1			murạmos		
2			muráis		
3			muẹran		

S1	naceré	nacería	nạzca	naciẹra	naciẹse
2			nạzcas		
3			*etc*		
P1					
2					
3					

imperative		S2 ọye P2 oịd S3 ọiga P3 ọigan			
S1	oiré	oiría	ọiga	oyẹra	oyẹse
2			ọigas	oyẹras	oyẹses
3			*etc*	*etc*	*etc*
P1					
2					
3					

	pres. indicative	perfect	preterite	imperf. indicative	pluperfect
	poder to be able *pres. participle* **pudiendo**				
S1	**puedo**	he podido	**pude**	podía	había podido
2	**puedes**		**pudiste**		
3	**puede**		**pudo**		
P1	podemos		**pudimos**		
2	podéis		**pudisteis**		
3	**pueden**		**pudieron**		
	poner to put, place, lay *pres. participle* poniendo				
S1	**pongo**	he **puesto**	**puse**	ponía	había **puesto**
2	pones	has **puesto**	**pusiste**		habías **puesto**
3	pone	*etc*	**puso**		*etc*
P1	ponemos		**pusimos**		
2	ponéis		**pusisteis**		
3	ponen		**pusieron**		
	producir to produce: *see* conducir				
	querer to want, wish for, love *pres. participle* queriendo				
S1	**quiero**	he querido	**quise**	quería	había querido
2	**quieres**		**quisiste**		
3	**quiere**		**quiso**		
P1	queremos		**quisimos**		
2	queréis		**quisisteis**		
3	**quieren**		**quisieron**		
	recoger to fetch, pick up: *see* coger				
	reconocer to recognize, admit: *see* conocer				
	reducir to reduce, lessen: *see* conducir				
	reír to laugh *pres. participle* **riendo**				
S1	**río**	he reído	reí	reía	había reído
2	**ríes**		reíste		
3	**ríe**		rio		
P1	reímos		reímos		
2	reís		reísteis		
3	**ríen**		rieron		

	future	*conditional*	*pres. subjunctive*	*imperf. subj. 1*	*imperf. subj. 2*
S1	podré	podría	pueda	pudiera	pudiese
2	podrás	podrías	puedas	pudieras	pudieses
3	*etc*	*etc*	*etc*	*etc*	*etc*
P1					
2					
3					

imperative　　S2 **pon**　　P2 ponęd　　S3 **pǫnga**　　P3 **pǫngan**

S1	pondré	pondría	pǫnga	pusiera	pusiese
2	pondrás	pondrías	pǫngas	pusieras	pusieses
3	*etc*	*etc*	*etc*	*etc*	*etc*
P1					
2					
3					

imperative　　S2 **quiere**　　P2 querȩd　　S3 **quiera**　　P2 **quieran**

S1	querré	querría	quiera	quisiera	quisiese
2	querrás	querrías	quieras	quisieras	quisieses
3	*etc*	*etc*	quiera	*etc*	*etc*
P1			queramos		
2			queráis		
3			**quieran**		

imperative　　S2 **ríe**　　P2 reíd　　S3 **ría**　　P3 **rían**

S1	reiré	reiría	**ría**	riera	riese
2			**rías**	rieras	rieses
3			*etc*	*etc*	*etc*
P1					
2					
3					

	pres. indicative	perfect	preterite	imperf. indicative	pluperfect

resolver   to solve, resolve   *pres. participle* resolviendo

	pres. indicative	perfect	preterite	imperf. indicative	pluperfect
S1	resuelvo	he resuelto	resolví	resolvía	había resuelto
2	resuelves	has resuelto			habías resuelto
3	resuelve	*etc*			*etc*
P1	resolvemos				
2	resolvéis				
3	resuelven				

saber   to know (facts), be able (know how to)   *pres. participle* sabiendo

	pres. indicative	perfect	preterite	imperf. indicative	pluperfect
S1	sé	he sabido	supe	sabía	había sabido
2	sabes		supiste		
3	sabe		supo		
P1	sabemos		supimos		
2	sabéis		supisteis		
3	saben		supieron		

salir   to go out, leave, depart   *pres. participle* saliendo

	pres. indicative	perfect	preterite	imperf. indicative	pluperfect
S1	salgo	he salido	salí	salía	había salido
2	sales				
3	sale				
P1	salimos				
2	salís				
3	salen				

seguir   to follow, continue   *pres. participle* siguiendo

	pres. indicative	perfect	preterite	imperf. indicative	pluperfect
S1	sigo	he seguido	seguí	seguía	había seguido
2	sigues		seguiste		
3	sigue		siguió		
P1	seguimos		seguimos		
2	seguís		seguisteis		
3	siguen		siguieron		

ser   to be, exist   *pres. participle* siendo

	pres. indicative	perfect	preterite	imperf. indicative	pluperfect
S1	soy	he sido	fui	era	había sido
2	eres	has sido	fuiste	eras	habías sido
3	es	*etc*	fue	era	*etc*
P1	somos		fuimos	éramos	
2	sois		fuisteis	erais	
3	son		fueron	eran	

sonreír   to smile: *see* reír

	future	conditional	pres. subjunctive	imperf. subj. 1	imperf. subj. 2
	imperative	S2 **resuẹlve**	P2 resolvẹd	S3 **resuẹlva**	P3 **resuẹlvan**
S1	resolverẹ́	resolvería	**resuẹlva**	resolviẹra	resolviẹse
2			**resuẹlvas**		
3			*etc*		
P1					
2					
3					

	imperative	S2 sạbe	P2 sabẹd	S3 **sẹpa**	P3 **sẹpan**
S1	**sabrẹ́**	**sabría**	**sẹpa**	**supiẹra**	**supiẹse**
2	**sabrạ́s**	**sabrías**	**sẹpas**	**supiẹras**	**supiẹses**
3	*etc*	*etc*	*etc*	*etc*	*etc*
P1					
2					
3					

	imperative	S2 **sal**	P2 salịd	S3 **sạlga**	P3 **sạlgan**
S1	**saldrẹ́**	**saldría**	**sạlga**	saliẹra	saliẹse
2	**saldrạ́s**	**saldrías**	**sạlgas**		
3	*etc*	*etc*	*etc*		
P1					
2					
3					

	imperative	S2 **sịgue**	P2 seguịd	S3 **sịga**	P3 **sịgan**
S1	seguirẹ́	seguiría	**sịga**	**siguiẹra**	**siguiẹse**
2			**sịgas**	**siguiẹras**	**siguiẹses**
3			*etc*	*etc*	*etc*
P1					
2					
3					

	imperative	S2 **sé**	P2 sed	S3 **sẹa**	P3 **sẹan**
S1	serẹ́	sería	**sẹa**	**fuẹra**	**fuẹse**
2			**sẹas**	**fuẹras**	**fuẹses**
3			*etc*	*etc*	*etc*
P1					
2					
3					

	pres. indicative	perfect	preterite	imperf. indicative	pluperfect

tener   to have, possess, own   *pres. participle* teniendo

	pres. indicative	perfect	preterite	imperf. indicative	pluperfect
S1	**tengo**	he tenido	**tuve**	tenía	había tenido
2	**tienes**		**tuviste**		
3	**tiene**		**tuvo**		
P1	tenemos		**tuvimos**		
2	tenéis		**tuvisteis**		
3	**tienen**		**tuvieron**		

traer   to bring, fetch   *pres. participle* trayendo

	pres. indicative	perfect	preterite	imperf. indicative	pluperfect
S1	**traigo**	he traído	**traje**	traía	había traído
2	traes		**trajiste**		
3	trae		**trajo**		
P1	traemos		**trajimos**		
2	traéis		**trajisteis**		
3	traen		**trajeron**		

venir   to come   *pres. participle* **viniendo**

	pres. indicative	perfect	preterite	imperf. indicative	pluperfect
S1	**vengo**	he venido	**vine**	venía	había venido
2	**vienes**		**viniste**		
3	**viene**		**vino**		
P1	venimos		**vinimos**		
2	venís		**vinisteis**		
3	**vienen**		**vinieron**		

ver   to see   *pres. participle* **viendo**

	pres. indicative	perfect	preterite	imperf. indicative	pluperfect
S1	**veo**	he **visto**	vi	veía	había **visto**
2	**ves**	has **visto**	**viste**	veías	habías **visto**
3	ve	*etc*	**vio**	*etc*	*etc*
P1	**vemos**		**vimos**		
2	**veis**		**visteis**		
3	ven		**vieron**		

volver   to return, come back   *pres. participle* volviendo

	pres. indicative	perfect	preterite	imperf. indicative	pluperfect
S1	**vuelvo**	he **vuelto**	volví	volvía	había **vuelto**
2	**vuelves**	has **vuelto**			habías **vuelto**
3	**vuelve**	*etc*			*etc*
P1	volvemos				
2	volvéis				
3	**vuelven**				

	future	conditional	pres. subjunctive	imperf. subj. 1	imperf. subj. 2

imperative S2 **ten** P2 **tenẹd** S3 **tẹnga** P3 **tẹngan**

	future	conditional	pres. subjunctive	imperf. subj. 1	imperf. subj. 2
S1	**tendrẹ́**	**tendría**	**tẹnga**	**tuviẹra**	**tuviẹse**
2	**tendrás**	**tendrías**	**tẹngas**	**tuviẹras**	**tuviẹses**
3	*etc*	*etc*	*etc*	*etc*	*etc*
P1					
2					
3					

imperative S2 **trạe** P2 **traẹd** S3 **trạiga** P3 **trạigan**

	future	conditional	pres. subjunctive	imperf. subj. 1	imperf. subj. 2
S1	traerẹ́	traería	**trạiga**	**trajẹra**	**trajẹse**
2			**trạigas**	**trajẹras**	**trajẹses**
3			*etc*	*etc*	*etc*
P1					
2					
3					

imperative S2 **ven** P2 **venịd** S3 **vẹnga** P3 **vẹngan**

	future	conditional	pres. subjunctive	imperf. subj. 1	imperf. subj. 2
S1	**vendrẹ́**	**vendría**	**vẹnga**	**viniẹra**	**viniẹse**
2	**vendrás**	**vendrías**	**vẹngas**	**viniẹras**	**viniẹses**
3	*etc*	*etc*	*etc*	*etc*	*etc*
P1					
2					
3					

imperative S2 **ve** P2 **ved** S3 **vẹa** P3 **vẹan**

	future	conditional	pres. subjunctive	imperf. subj. 1	imperf. subj. 2
S1	verẹ́	vería	**vẹa**	**viẹra**	**viẹse**
2			**vẹas**	**viẹras**	**viẹses**
3			*etc*	*etc*	*etc*
P1					
2					
3					

imperative S2 **vuẹlve** P2 **volvẹd** S3 **vuẹlva** P3 **vuẹlvan**

	future	conditional	pres. subjunctive	imperf. subj. 1	imperf. subj. 2
S1	volverẹ́	volvería	**vuẹlva**	**volviẹra**	**volviẹse**
2			**vuẹlvas**		
3			**vuẹlva**		
P1			volvạmos		
2			volvạ́is		
3			**vuẹlvan**		

Spanish–English vocabulary

Numbers after words refer to the unit in which the word first appears.
Words without a number have appeared already in ¡Ya! 1.
With masculine nouns ending in -o and feminine nouns ending in -a, no gender is given.
Gender of other nouns is indicated as *m.* or *f.*
,- after some adjectives shows that there is no change in the feminine singular.
/ie/ and /ue/ show that the verb diphthongizes in certain present tense forms. See Grammar ¶ 37–38.
/i/ and /u/ show that the verb belongs to the vowel-change group. See Grammar ¶ 38–39.
(*L. Am.*) shows usage or meaning in Latin America. (*Arg.*) (*Col.*) (*Mex.*) and (*Sp.*) show usage or meaning in Argentina,
   Colombia, Mexico and Spain respectively.
Remember that ch, ll and ñ are letters in their own right in Spanish and come after c, l and n in the alphabet.

Abbreviations used in this section are:

abbrev.	abbreviation	fut.	future	past part.	past participle
adj.	adjective	f., fem.	feminine	pers. pron.	personal pronoun
adv.	adverb	imp.	imperative	pl.	plural
comp.	comparative	imperf.	imperfect	prep.	preposition
cond.	conditional	impers.	impersonal	pres. part.	present participle
conj.	conjunction	indir. obj.	indirect object	pres. subj.	present subjunctive
def. art.	definite article	inf.	infinitive	pret.	preterite
dim.	diminutive	inv.	invariable	rel. pron.	relative pronoun
dir. obj.	direct object	m., masc.	masculine	sing.	singular
expr.	expression				

A

a   to; at; for; prep. with indir. obj.
abajo   down, downwards
abandonar   to abandon, leave 17
abandonado, -a   abandoned, deserted 17
abierto, -a   (past part. of **abrir**) open; opened
abogado   lawyer 14
abrazo   hug, embrace 4
abrigo   coat, overcoat
abrir   to open; turn on (a tap) 27
absolutamente   absolutely, positively 21; **en absoluto**   certainly not, by no means 22
abuela   grandmother
abuelitos *m.pl.*   grandparents 25
abuelo   grandfather
abundante,-   abundant, plentiful
abundar   to be plentiful, be plenty of 29
aburrir   to bore, tire, weary 24
acá   here 17
acabar   to finish, end
acabar + pres. part.   to end up by ... 34
acabar con   to put an end to, finish off, destroy 29
acabar de + inf.   to have just + past part. 2
acabarse   to come to an end, be all gone 38

acaso   perhaps, maybe 41; **por si acaso**   just in case 41
acceso a   access to 40
accidente *m.* **de aviación**   flying accident 36
aceptar   to receive, accept
acercar   to move closer 22; to pass by hand 30
acercarse (a alguien, algo)   to approach, go up (to someone, something) 7
acero   steel 35
acompañar   to go with, accompany
aconsejar   to advise 23
acordarse /ue/ (de alguien, algo)   to remember, recall (someone, something)
acostarse /ue/   to go to bed
actividad *f.*   activity
acuerdo   agreement; **de acuerdo**   O.K., agreed; all right
estar de acuerdo   to be in agreement, be agreed 21
además   in addition
además de   besides
adentro de (*L. Am.*)   inside, within 43
adiós   goodbye, farewell
adivinar   to guess
adjunto, -a   enclosed herewith 27
admirar   to admire 21
¿adónde?   where to?
advertir /ie/, /i/   to inform, warn 34

aficionado   fan (sport/hobby), follower, amateur 37; **ser aficionado a los deportes**   to be keen on sports 24
África *f.* (but **el África**)   Africa
afueras *f. pl.*   outskirts
agarrar   to grasp, grab, nab 17
agosto   August
agradable, -   pleasant, pleasing
agradecer /agradezco/   to be grateful, thank 26
agrario, -a   agricultural 20
agregar   to add (to) 35
agrícola,-   agricultural
agricultura   farming, agriculture 20
agua *f.* (but **el agua**)   water
agua mineral   mineral water
ahora   now
ahorita (*L. Am.*)   at once 33
ahorrar(se)   to save; avoid 31
ahorro   saving, savings 10; **caja de ahorros**   savings bank 10
aire *m.*   air
ajo   garlic 30; **al ajillo**   in garlic sauce 30
alcalde *m.*   mayor 11
alcaldía   office of mayor, mayoral body 43
alcohólico, -a   alcoholic, with an alcoholic content 39
aldea   village 15
alegrarse   to be pleased, be glad 10

alegre,- glad, pleased, happy

alegremente happily, contentedly 42

alegría joy, gladness; **¡qué alegría!** what fun! what joy! 4

alemán *m.* German (language)

alemán, alemana German

algo something, some

algodón *m.* cotton 17

alguien someone

algún/alguno, -a someone, something

algunos, -as some

alimento food, foodstuffs 16; food, diet 41

alma *f.* (but *el* alma) soul 24

almíbar *m.* syrup 30; **en almíbar** preserved (in syrup) 30

almorzar /ue/ to have lunch

almuerzo lunch 30

alojar to accommodate, stay (at), lodge, put up 3

alquilar to rent, hire

alquitrán *m.* tar 11

alrededor de about, round about 43

alrededores *m.pl.* the area round about

alto, -a high, tall

allá there 15; over there, in that place 16

allí there

ama *f.* (but *el* ama) mistress 42

amable,- friendly, kind

amablemente in a friendly way, kindly 8

amazónico, -a Amazon, belonging to the area by and around the River Amazon 15

ambos, -as both 26

amenaza threat 34

amiga woman/girl-friend

amigo man/boy-friend

amistad *f.* friendship 15; **hacer amistad con** to make friends with 15

amo master

amor *m.* love 36

amparo shelter, protection 36

analfabetismo illiteracy

analizar to analyse, investigate 21

anciano, -a elderly, old, aged 29

ancho, -a wide, broad 35

Andalucía Andalusia

andaluz, -a from Andalusia, Andalusian

andar to go, walk 4

andar bien/mal to be well/ unwell 33

andar con to be with, go with 4

andar de cabeza to have plenty to do, be up to one's ears in work 4

andén *m.* platform 5

Andes, los the Andes

animal *m.* animal

anfiteatro amphitheatre 13

anónimo, -a anonymous 21

ante in front of, before, face-to-face with 16

antepasados *m.pl.* ancestors 16

anterior,- previous, former 11

antes earlier, before, previously 28; first, before this 31; **lo antes posible** as soon as possible 26

antes de before + time expr.

antes de + inf. before + ... ing

antes de que before + clause

antiguo, -a ancient, old 13

antropología anthropology 21

añadir to add 18

año year; **el año pasado** last year, a year ago 4; **el año que viene** next year 4; **a los 18 años (de edad)** at 18 years of age 36; **los años 60** the Sixties, the 1960s; **durante el año** during the course of the year 32

apagado, -a extinguished, extinct 29

apagar to extinguish, put out

aparato apparatus, machine 40

aparcamiento parking place/lot 9

aparcado, -a parked

aparcar to park

aparecer /aparezco/ to appear 13

apartado P.O. box (number)

apartado, -a de separated from, apart from 29

apartamento apartment, flat 27

apasionado (de) lover (of) 37

apenas hardly, scarcely 18

apetecer to please, attract 30; **¿qué te apetece?** what do you fancy?

aprender to learn

aprobar/ue/ to approve of; to pass an exam 4

aprovechar to use, take advantage of 26

aproximadamente roughly, about, approximately 9

apuntar to aim 8

aquel, aquella that (there)

aquellos, -as those (there) 16

aquello all that 11

aquí here; **por aquí (cerca)** somewhere near here 8

árabe, - Arab 13

árbol *m.* tree

archipiélago archipelago, island area 3

arena sand 11

argentino, -a Argentinian 16

árido, -a dry, harsh, infertile 29

arma *f.* (but *el* arma) weapon, arms (*pl.*)

armado, -a armed 10

armario cupboard

armario ropero wardrobe 27

arqueológico, -a archaeological

arqueólogo archaeologist 21

arquitectura architecture 21

arreglar to arrange, settle, clear up; to mend, repair, fix 27

arriba up, upwards

arroz *m.* rice

arte *m.* (sometimes *f.*) art 43

artesano craftsman 14

artículo de exportación export commodity 20

artístico, -a artistic

asar to roast 30

asegurar to assure 12

aseos (on notices) toilets

asfalto asphalt 19

así so, like that 7; in that way 17; thus 18

Asia *f.* (but *el* Asia) Asia

asiento seat 6

aspa *f.* (but *el* aspa) (windmill) sail 12

aspecto aspect 20

aspirante *m.f.* applicant, candidate 19

astronómico, -a astronomic 37

asturiano, -a from Asturias, Asturian 33

asunto affair, matter, concern 45

asustar to frighten

asustarse to be frightened, get scared 8

atención *f.* attention

atentamente attentively, Yours faithfully (in business letters) 26; **le saluda atentamente** Yours sincerely, with kind regards 26;

Atlántico, el the Atlantic 16

atracador *m.* robber, person staging a hold-up 8

atracar to rob, hold up 10

atraco robbery, hold-up 8

atraer /atraigo/ to attract 32

atravesar /ie/ to travel through, go through/over/across 19

aumentar to increase 35

aunque although

austral *m.* austral (Arg. monetary unit from 16.6.85)

auténtico, -a genuine, real 31

auto (mostly *L. Am.*) car 34

autobús *m.* bus

autoridad *f.* authority 11

avanzado, -a well-developed 20; advanced 42

avanzar to go forward, advance, continue 21

avenida avenue, wide street

aventura adventure 12

avión *m.* aeroplane

avisar to inform, tell 27

ayer yesterday

ayer por la mañana yesterday morning 10

ayudar to help
ayuntamiento town/city hall 11
azteca *m.* Aztec
azúcar *m.* sugar 14
azul,- blue

B

bacaladilla small cod 29
bahía bay 25
bailar to dance 24
baile *m.* dance 29
bajar to go down
bajarse de to get out of, from 10
bajo under, beneath, below
bajo, -a low
banano banana palm 14
banco bank; bench 9
bandoneón *m.* large accordion 36
bañarse to bathe, take a bath 11
baño bathroom, bath
bar *m.* bar
barato, -a cheap, inexpensive
barca (small) boat
barco boat, ship, vessel
barra bar counter; bar, block (of toffee) 31
barrer to sweep 46
barrio part of town, quarter, district
barrio obrero working-class quarter/area 18
bastante quite, fairly, rather
bastante, -s quite a lot of, some 24
basura rubbish, garbage 46
batalla battle 12
beber to drink
bebida drink
belén *m.* Christmas crib 32
besar to kiss 36
bicicleta bicycle
bien well, good; **está bien** that's enough, sufficient 38; **o bien** or rather 32
billete *m.* ticket; banknote 7
billete de mil *m.* thousand-peseta note 7
bisabuelos *m.pl.* great-grandparents 40
bisonte *m.* bison 13
blanco, -a white
bloque *m.* (stone) block 21
boca mouth 41
bocadillo *(Sp.)* sandwich, filled bread roll; *(Col.)* a kind of sweetmeat 33
bogotano, -a from Bogotá 23
bolas, boleadoras lassoo with weighted balls to catch cattle 35
bolsa bag
bolsillo pocket 40
bolso (hand)bag
bombilla metal drinking tube 35
bombona container, cylinder 27

bonito, -a beautiful, lovely, pretty, fine
boquerón *m.* anchovy
borde edge; **al borde de** on the verge of 12
bota boot
botella bottle
botellita small bottle 30
botín *m.* loot, booty, haul 10
Brasil, (el) Brazil 16
brazo arm
breve,- short 36; **en breves momentos** shortly (platform announcement) 5
brisa breeze, gentle wind 29
bruscamente suddenly, abruptly 16
buenísimo very good indeed 30
buen(o), buena good
bueno O.K.; that's it, yes; well 12
bueno, bueno all right, all right! 9
bullicio noise, racket 32
burro donkey 28
buscar to seek, look for; collect, meet (someone somewhere)
butano butane (gas) 27

C

caballero (gentle)man 24
caballo horse 12
cabecera bed-head 31; **médico de cabecera** doctor, general practitioner 31
cabeza head; **andar de cabeza** to have a lot to do, be up to one's ears in work 4
cable *m.* cable, wire 21
cabo end, conclusion 20; **al cabo de ...** at the end of ... 33; **llevar(se) a cabo** to achieve, carry out, through 20
cabra goat 29
cacao cocoa-bush/bean 14
cada *(inv.)* each, every
cada día + comp. more and more; every day (+ comp. adj./adv.) 14
cada vez + comp. more and more; every time (+ comp. adj./adv.) 35
cadera hip 35
caer /caigo/ to fall 34
caer /caigo/ **dormido** to fall asleep 40
café *m.* coffee(bush); café, bar 17
café solo small cup of black coffee
cafetera automática automatic coffee-maker 40
cafetería bar, cafeteria
caída fall, downfall 11
caja till, cash-desk; chest, case; box 22
cajera cashier (female)
cajero cashier (male)
calabaza pumpkin; gourd (container for *mate*) 35

calamar *m.* squid
calavera skull, death's head 32
calcetín *m.* short stocking, sock
calculadora de bolsillo pocket-calculator 40
calcular to calculate 20
calendario calendar, almanack 16
calentador *m.* (water) heater, boiler 27
calentar /ie/ to heat, warm
calidad *f.* quality
caliente,- hot 27
calmar(se) to calm down 9
calor *m.* heat; **hace calor** it's hot (weather)
caluroso, -a hot 38
calle *f.* street
cama bed, sleeper (on train) 6
cámara camera
camarera chambermaid, cleaner, cleaning lady 27
camarero waiter
cambiar to exchange, change (money), cash (a cheque) 7; to change, alter 11
cambiar de + noun to change, exchange 6
cambio change 20; change (of bedding, linen, clothing) 27; **en cambio** on the other hand, and yet 28
camión *m.* lorry, truck
camisa shirt
campanada striking (of a clock), pealing (of a bell) 29
campanario bell-tower 29
campaña campaign 29
campeón *m.* master, champion 37
campeonato championship 37
campesino peasant/farmer; peasant- 20
campo countryside, the country; field
canario, -a from the Canary Islands 28
cancelar to cancel 26
canción *f.* song 18
Cantábrico, el Cantabria; sea and coast of the Bay of Biscay 30; **el Mar Cantábrico** the Bay of Biscay; **la costa cantábrica** the Cantabrian coast 33
cantante *m.f.* singer 18
cantar to sing 32
cantidad *f.* quantity, amount 35
canto song, singing 29
caña stalk, stem; cane 14
caña de azúcar sugar cane 14
capital *f.* capital city
capítulo chapter 12
cara face
carabela caravel, small light ship 14
carácter *m.* (*pl.* **caracteres**) character, basic feature,

characteristic 16

carbón coal, charcoal

cargo post, official post; official, civil servant 12

cariñoso, -a tender, loving, affectionate 24

carnaval *m.* carnival 32

carne *f.* meat, flesh 30

carné (sometimes **carnet**) *m.* card, licence, permit

carné de conducir driving licence

carnet de identidad identity-card

caro, -a expensive, dear

carrera race; career; row (street) 23

carrera de coches car race, motor racing (*pl.*) 37

carretera road, highway

carro cart; (*L. Am.*) car 25

carta letter; menu 30

cartera wallet 9

casa house, home; **a casa** home; **de casa** from home; **en casa** at home

cascabel *m.* little bell 21

casi nearly, almost, hardly

caso case, circumstance; **en todo caso** in any case 29

castellano *m.* Spanish (language)

castellano, -a Castilian, Spanish; Spaniard

Castilla Castile

castillo castle 11

católico, -a Catholic 13

caucho rubber 14

caudillo leader, commander; name for General Franco 11

celebrar to celebrate

cena dinner, evening meal

cenar to have dinner

cenicero ashtray 22

centinela *m.f.* guard, sentry, look-out 36

central,- central 20

centro middle, centre

cerca (de) near (to), close (to)

cerdo pig

cereales *m.pl.* corn, grain, cereals 35

cerilla match 22

cerrar /ie/ to close, shut

cerveza beer

cesta basket

cielo sky

ciencia knowledge 15

científico, -a scientific 16

cien(to) a hundred

cierto, -a certain 42

cincel *m.* chisel 43

cinco five

cincuenta fifty

cine *m.* cinema

cinta tape (on tape-recorder); ribbon

circular (por) to drive about (in), go around (in) 34

ciudad *f.* town, city

ciudadano town-dweller, citizen 19

civil,- civil

civilización *f.* civilization 29

claro, -a clear, pure, clean 11

claro naturally, of course

claro que sí yes, of course

claro que no of course not 22

clase *f.* lesson, lecture; class 6; kind, sort 43; **toda clase de** all kinds of 43

clase social social class 16

cliente *m.* customer, client

clima *m.* climate

clínica private nursing home, clinic or hospital 3

club *m.* club, society 37

cocer /**cuezo, cueces,** *etc.*/ to cook, boil, bake 35

cocina kitchen

coche *m.* car; carriage (train/ horse)

código law; highway code 45

coger /**cojo**/ take, grasp, grab, take hold of 8

coincidencia coincidence 21

cola queue 6; tail 42; **hacer cola** to queue, stand in a queue 2

colapso collapse, breakdown 19

colectivo bus in Buenos Aires 33

colega *m.f.* colleague, professional friend

coleccionar to collect 24

colgar /ue/ to hang up, put down (the receiver) 21

colina hill 29

colocar to place, position 4

colocarse to place oneself, put oneself 6

colonia colony; (*L. Am.*) suburb, estate (of city)

colonial,- colonial 20

colonizador *m.* settler, colonizer 16

colonizar to colonize, settle 28

color *m.* colour

comedor *m.* dining-room

comentar to comment on, point out 18

comenzar /ie/ (**a** + inf.) to begin, start (to do/doing) 16

comer /to eat; **hacer de comer** to cook food, get a meal ready 25

comerse algo to tuck into something, put something away (eat) 8

comerciante *m.* trader, merchant 16

comida food, meal; lunch

comisaría police station 9

como as, because; as, like

¿cómo? how?; what? 1

comodidad *f.* comfort 27

compañera companion; partner; wife 25

compañía firm, company, business

comparable a comparable to 16

complacer /**complazco**/ to please, give pleasure to 26

completamente completely, totally 10

compositor *m.* composer 36

comprar to buy, purchase

compras *f.pl.* purchases, articles bought; **hacer las compras** to shop, go shopping 40

comprensivo, -a understanding, tolerant 24

comprobar /ue/ to verify, check 12

compromiso obligation, commitment 24

comunicar to inform, tell 26

con with

concentrarse to be collected, gathered, concentrated 13

condición *f.* condition 16

conducir /**conduzco**/ to lead, guide; to drive 1

conductor *m.* driver

conectado, -a (con) connected (to, with) 40

confirmar to confirm 26

confundir (con) to confuse (with), mistake (for) 14

congelado, -a frozen 30

conmigo with me 17

conocer /**conozco**/ to know, get to know

conocido, -a well-known, famous 13

conocimiento knowledge, understanding 35

conquista conquest

conquistador *m.* conqueror 16

conquistar to conquer 16

conseguir /i/ to attain, obtain, achieve 37

consejo piece of advice 23

considerable,- considerable, substantial, sizeable 20

consiguiente consequent; **por consiguiente** consequently, therefore 36

constante,- constant, lasting 20

constituir /**constituyo**/ to form, constitute 18

consultar to consult, seek advice from 15

consultorio doctor's surgery 41

contaminación *f.* contamination, pollution

contar /ue/ to tell, relate

contar /ue/ **con** to count on, rely on

contemplar to watch, gaze at 36

contemporáneo, -a contemporary 13

contento, -a   content, satisfied, happy

contestar   to answer, reply

contigo   with you 15

continente *m.*   continent 13

continuar /**continúo**/ **(haciendo algo)**   to continue (to do/doing something)

continuo, -a   constant, continuous, continuing 18

contra   against 11; **al contrario**   on the contrary 32

convertir(se) /**ie**/, /**i**/ **(en)**   to be transformed, changed (into) 29

cooperar   to help, co-operate 25

corazón *m.*   heart

cordero (asado)   (roast) lamb 30

cordialmente   sincerely 26

corredor automovilista *m.*   racing driver 37

correo(s) *m.*   post, mail

correr   to run

corriendo   running 9

corriente *f.* **de aire**   draught 38

cortado *m.*   coffee with a little hot milk in it 30

cortar   to cut

corto, -a   short

cosa   thing

cosechar   to harvest 28

costa   coast

costar /**ue**/   to cost

costumbre *f.*   custom, habit 16

COU = Curso de Orientación Universitaria   one-year course leading to university 4

crecer /**crezco**/   to grow, increase 16

credencial *f.* **del Seguro Social** (*Mex.*)   Social Security card/ document 19

creer   to believe, think

criollo   Creole, South-American descendant of Spanish immigrants 16

crisis *f.*   crisis 35

cristianismo   Christianity 13

cristiano, -a   Christian 13

cruce *m.*   (street) crossing; intersection 21

cruz *f.*   cross 14

cruzar   to cross (over) 5

cuadro   picture, painting

cual, cuales   which (rel. pron.) 13

¿cuál?   which? (choice)

cuando   when, as

¿cuándo?   when?

¿cuánto?   how much?

¡cuánto tiempo sin verte!   it's been a long time!, long time no see!

cuarenta   forty

cuarto   room; quarter (a fourth) 35

cuarto, -a   fourth 14

cuatro   four

cubano, -a   Cuban 18

cubrir   to cover 42

cuchillo   knife 30

cuenta   bill 30

cuero   leather; hide 35

cuerpo   body 11

cuestión *f.*   question, matter 34

cueva   cave 13

cuidado   care, caution; watch out! careful! 17; **tener cuidado**   to be careful, take care, look out

culpa   guilt, blame, fault; **por culpa de**   because of, as a result of 11

cultivo   cultivation, crop

culto, -a   educated, cultured 24

cultura   culture

culturalmente   culturally 16

cumplirse   to be fulfilled 15

cuna   cradle; home, birthplace 36

cura *m.*   priest 14

curioso, -a   curious, peculiar, strange, odd 21

cursado, -a   acquainted (with), educated (in) 12

cursillo   short course 4

Ch

chalé (sometimes **chalet**) *m.*   chalet 3

champán *m.*   champagne 31

chárter   charter- 3

che (*Arg.*)   listen, now look here (often not translated) 33

checo, -a   Czech(oslovakian) 36

cheque, *m.*   cheque 7

chica   girl

chico   boy

chico, -a (adj.) (*L. Am.*)   small, little 25

Chile, (el)   Chile 16

chistar   to call (by saying 'psst') 36

chocar   to shock; to crash 45

chocar contra   to collide with, crash into 45

chocolate *m.*   chocolate

chorizo   hard, red, spicy sausage

chuleta   chop 30

D

dama   lady

dar /**doy**/   to give; state 21

dar a   to face towards, look out on 26

darse cuenta de   to notice, realize, discover 9

dato   information, details (*pl.*) 6

de   from, of

dé (**usted** imp. of **dar**)   give!

debe de . . .   it must . . . 30

deber   ought to, have to; owe

debería (cond.)   ought to, should 16

deberse a   to be due to, be owed to 13

decenio   decade, ten years 20

decidido, -a   decisive, determined 8

decidir(se) (a hacer algo)   to decide (to do something) 3

decir /**digo**/, /**i**/   to say

declaración *f.* **de renta**   income tax return 40

dedicarse (a)   to devote oneself (to) 20

defender /**ie**/   to defend 18

definitivo, -a   definitive, final, ultimate 27

dejar   to leave; let, permit, allow 23

del = de + el (def. art.)

delante (adv. of place)   before, in front, opposite

delante de (prep.)   in front of, before

delincuente *m.*   criminal, delinquent 10

demasiado   too, far too; too much

demasiado, -a + noun   too much . . .

demasiados, -as + noun   too many . . . 31

democrático, -a   democratic

dentro de (prep.)   within 5; inside 10

dentro de poco   in a while, soon, shortly

denunciar   to report, denounce 10

depende   it depends

dependencia   dependence, reliance 35

depender de   to depend on, be dependent on 16

dependienta   shop assistant

deporte *m.*   sport; **hacer deporte**   to take part in sports

deportista *m.f.*   sportsman (woman) 37

depositar   to put, place, deposit 27

derecha   right(-hand side); **a la derecha (de)**   on the right (of); **por la derecha**   from the right 44

derecho   law 3; right 18

derecho   straight, direct 8; **todo derecho**   straight ahead 8

desaforado, -a   huge, mighty 12

desagradable,-   unpleasant, disagreeable 11

desaparecer /**desaparezco**/   to disappear, vanish 8

desarraigado, -a   rootless 36

desarrollado, -a   developed 16

desarrollarse   to develop, evolve; to take place, happen, occur 21

desarrollo development, growth, expansion

desastroso, -a terrible, devastating, disastrous 35

desayuno breakfast

descendiente *m.* descendant, offspring 16

desconocido, -a unknown

descubierto (past part. of **descubrir**) discovered 14

descubierto, -a por discovered by 13

descubridor *m.* discoverer 13

descubrimiento discovery 14

descubrir to discover 10

desde from, since; ever since 13

desde entonces since then 23

desde hace unos años for some years

desear to wish, wish for

desemejante,- unlike, dissimilar 16

desempleo unemployment 17

desengaño disappointment 36

desilusionado, -a disappointed, disillusioned 42

despacio slowly 38

despedir /i/ to dismiss, discharge, sack 34

despertar /ie/ **a alguien** to waken someone, wake someone up 40

despertarse /ie/ to wake up 41

después afterwards, after, later, then

después de after (+ time expr.)

destacar to be noted, stand out 28

destacarse to stand out 20

destrozar to destroy, ruin 29

destino destination, to (train) 5; destiny, fate 34

detener /detengo/, /ie/ to arrest, detain 34

detenerse to stop, pause, linger 29

detrás (adv. of place) behind

detrás de (prep.) behind

devolver /ue/ to give back, return, send back 17

di (pret. of **dar**) I gave 9

di (tú imp. of **decir**) say! 8

día *m.* day; **el Día de los Niños** Children's Day 32; **el otro día** the other day 17; **quince días** a fortnight, two weeks

día laborable weekday, work-day 6

diámetro diameter 16

diario daily newspaper 10; **a diario** daily, every day 46

diciembre December

dictadura dictatorship 16

dicho (past part. of **decir**) said; **mejor dicho** or rather, to be more correct 19

dichoso, -a blessed, wretched 45

diecisiete seventeen

diez ten

diferencia difference 16

diferente,- different 20

difícil,- difficult, troublesome 14

dificultad *f.* difficulty 8

diga (**usted** imp. of **decir**) say! 9

digital,- finger- 19

dijo (pret. of **decir**) she said 8

dinero money

dio (pret. of **dar**) she gave 8

¡Dios mío! Good Lord! Good heavens! 36

diosa goddess 21

dirá (fut. of **decir**) he will say 15

dirección *f.* address, direction; management (board) 27

directo, -a direct 6

director *m.* director, leader, manager; editor 11; headmaster 12

dirigirse a, hacia to go to, head for, turn towards 8; to speak to, address 12

discutir to discuss, argue about 34

disgusto quarrel 25; annoyance, displeasure 42

distinguido, -a Honoured (in letters) 26

distinto, -a different, distinct

distraer /distraigo/ to distract 45

diverso, -a diverse, different 16

divertido, -a entertaining, amusing, funny

divertirse /ie/, /i/ to amuse oneself, have fun 32

dividir to share; split up, divide 13

divisar to spy, catch sight of 14

doble, - double; **el doble** twice as much 43

doce twelve

doctor *m.* doctor 31

documento document, paper 1

documento de identidad identity card 1

documento de identificación identity document 19

dólar *m.* dollar 7

doler /ue/ to ache, hurt

doméstico, -a home- 40

dominante,- predominant 16

dominar to subdue, overpower 16; to dominate 35

domingo Sunday **los domingos** (on) Sundays

don Mr (before first name)

¿dónde? where?; **¿de dónde?** where from?

dormir /ue/, /u/ to sleep

dormirse /ue/, /u/ to fall asleep

dorso back; on the back 7

dos two; **los, las dos** both, both

of them

drama *m.* **callejero** drama in the street 44

drástico, -a drastic 19

ducha shower (room)

duda doubt; **sin duda** without doubt, undoubtedly

dueño owner

dulce *m.* sweet 33

durante during 3

durar to last, go on for 4

duro, -a hard, difficult, tough 3

E

e (replaces y before **i-**, **hi-** but not **hie-**) and 13

ecología ecology 29

económicamente economically 16

económico, -a economic

Ecuador, el Ecuador

echar(se) a to begin to 29

echarse a reír to burst out laughing 29

edad *f.* age; **de mediana edad** middle-aged 6; **la Edad Antigua** Antiquity 13; **la Edad Media** the Middle Ages 13; **la Edad de Piedra** the Stone Age 13

EE. UU. = Estados Unidos, los the United States

efectivamente sure enough, in fact 42

efectuar su entrada/salida to arrive/to depart (trains) 5

efectuar su entrada/salida to arrive; to depart (trains) 5

eficaz,- (*pl.* **eficaces**) effective 34

egoísta *m.f.* egoist, selfish person 25

ejemplar copy (of book, paper) 29

ejemplo *m.* example, sample 13; **por ejemplo** (abbrev. **p.ej.**) for instance, for example

ejercicio exercise; **hacer ejercicio** to take exercise 41

él, los (def. art. masc.) the

él he; (after prep.) him 4

elecciones *f.pl.* election 11

electricidad *f.* electricity 40

eléctrico, -a electric 21

electrodomésticos *m.pl.* domestic appliances 40

electrónico, -a electronic 40

elefante *m.* elephant 46

elevado, -a high, tall 28

eliminar to eliminate, get rid of 34

ella she; (after prep.) her

ellos, -as they; (after prep.) them

embargo, sin embargo however

embestir /i/ to attack, charge 12

emborracharse to get drunk 46
emigrar to emigrate
empeorar to worsen, deteriorate 35
emperador *m.* emperor 21
empezar /**ie**/ (a + inf.) to begin, start (to do/doing)
empleada (female) official, employee, clerk
empleado (male) official, employee, clerk
en in, on, at
en seguida at once
enamorado, -a (de) in love (with) 23
encantado, -a delighted; (polite expr.) nice to meet you
encanto spell, thrill 32
encargar to order, commission 42
encargo order, commission 42
encierro penning, fencing in (of bulls) 32
encomendarse /**ie**/ **(a)** to commend/entrust oneself (to) 12
encontrar /**ue**/ to find
encontrarse to find oneself, be; to meet (someone) 33; to be (state of health) 41
encontrarse con to meet, run across, bump into 11
enemigo enemy 34
enero January
enfadarse to get angry 12
enfermera nurse 24
enfermo, -a ill, sick
enfrente opposite, right in front 5
enfriarse to cool, grow cold 28
engañar to deceive, fool (someone) 39
enojarse to become angry 15
enorme, - enormous, immense, huge
ensalada lettuce salad (with dressing) 30
ensaladilla potato and vegetable salad (with mayonnaise) 30
enseñanza instruction, teaching 12
enseñar to teach 35
entender /**ie**/ to understand
entender /**ie**/ **de** to understand, know something about 43
enterarse de to find out about, get to know about, hear of 11
entero, -a whole
entonces then, at that time; then, in that case 12
entrada entrance; admission ticket 10; starter, entrée 30
entrar to go in, enter, come in
entre between, among
entregar to hand over 6
entremés *m.* starter, hors d'oeuvres 30
entremeses variados assorted

cold hors d'oeuvres 30
entusiasmado, -a delighted, excited, full of enthusiasm 29
enviar to send
envuelto, -a wrapped
época epoch, period of time 16
equipaje *m.* baggage, luggage 6
equivocarse to make a mistake, be mistaken 27
equivocarse de número to dial the wrong number 27
era (imperf. of **ser**) he was 8
erótico, -a erotic 36
error *m.* mistake 30
es que . . . it's like this . . . 19
escalera stairs 22; ladder 43
escalope *m.* veal steak 30
esclava female slave 35
esclavo male slave 16
escocés, escocesa Scottish, Scots 31
escribir to write
escrito (past part. of **escribir**) written 4
escrito, -a written (statement)
escritor *m.* writer, author 36
escuchar to listen to, hear
escudero squire 12
escuela primary school
escultor *m.* sculptor 43
escultura sculpture
ese, esa that (there) 11
eso that 5
eso sí yes, exactly; yes, of course
esos, -as those (there)
espantable, - terrifying 12
España Spain
español *m.* Spanish (language)
español, -a from Spain, Spanish; Spaniard
especial, - special, especial
especie *f.* species 29
esperar to wait for; hope for; expect
espléndido, -a splendid, magnificent 31
esplendor *m.* splendour 35
esposa wife
espuela spur 12; **dar de espuelas** to spur on 12
esquina street corner, (outer) corner
establecerse /**me establezco**/ to establish oneself, settle 13
estación *f.* station
estado state
Estados Unidos, (los) the United States
estallar to break out 20
estanco tobacconist's 22
estar /**estoy**/ to be
estar de + noun to act as (temporarily) 4
estatua statue 11
esté (pres. subj. of **estar**) 24

este *m.* east
este, esta this (here)
éste the latter 12
estilo style; **por el estilo** of that sort 11
estimado, -a Dear (in letters) 23
esto this (here); **en esto** at this (moment) 12; **en esto de . . .** in this business of . . . 12; **por esto** therefore, because of this 13
estómago stomach
estos, -as these (here)
estudiar to study
estudio study; studio 42
estupendo, -a excellent, terrific, super 30
estuvimos (pret. of **estar**) we were 3
etcétera etcetera, etc. 36
eterno, -a eternal, forever 35
europeo, -a European 13
exactamente exactly, precisely 42
exactitud *f.* exactness, accuracy, precision 15; **con exactitud** exactly, precisely 19
examen *m.* examination, exam 4
examen médico *m.* medical (examination) 19
examinarse to take an exam 4
excelente,- excellent, superb
excepción *f.* exception 16
excitado, -a excited, disturbed, upset 9
exclamar to exclaim 29
exiliado, -a exiled 34
exiliarse to go into exile 35
éxito success 37
expedición *f.* expedition 14
experiencia experience 3
experto expert 21
explicación *f.* explanation 21
explicar to explain 12
explorador *m.* explorer 15
explorar to explore 16
explotación *f.* exploitation 20
exportación *f.* export
exportar to export
expresar to express
extender (se) /**ie**/ to spread, extend 16
extensión *f.* size, dimension, extent, area 35
extenso, -a widespread, extensive, vast
exterior *m.* abroad 16
exterior, - outer, external; foreign, from outside 29
externo, -a external 40
extraño, -a strange, peculiar, remarkable 21

F

fábrica factory
fabricar to manufacture, make 35

fácil, - easy, simple 11

fácilmente easily, readily 16

facultad *f.* faculty 33; **en la Facultad** at the University 33

falta need 6; lack 16; **hace falta** one needs; one has to; it is necessary 6

faltar to lack; **no faltaba más** (polite expr.) of course, think nothing of it.

fama fame, reputation, repute 28

famoso, -a famous, renowned

familia family

familiar,- family-; from family responsibilities 24

fantasía fantasy, fancy, imagination 32

fantástico, -a fantastic, marvellous 2

farmacéutico chemist

farmacia chemist's

faro lighthouse; headlight, headlamp (car) 45

farolito (dim.) small street lamp 36

favor *m.* service, favour 15; **por favor** please, be so kind as to …, would you mind …

favorable, - favourable 20

febrero February

fecha date; **por estas fechas** about this time 13

felicidad *f.* happiness

feliz, - (*pl.* **felices**) happy 24

femenino, -a female, feminine 34

feria (religious) festivity, fair, market, holiday 32

ferrocarril *m.* railway 6

fertilidad *f.* fertility 35

festivo, -a festive; **día festivo** public holiday 27

fiebre *f.* fever 41

fiel, - faithful, loyal 42

fiesta festival, holiday, feast-day 14

figura figure, drawing 13

fijarse (en) to notice, observe; **¡fíjese!** just imagine! 21

filete *m.* fillet 30

filmar to film, shoot a film 8

fin *m.* end, ending; **a fines de**(+ time expr.) at the end of 14; **al fin, por fin** in the end, finally; **al fin** at last

final *m.* end; **al final** in the end; **a finales de**(+ time expr.) at the end of (+ time) 3

finalizar to finish, end, complete 11

finalmente finally 14

firmar to sign 7

físico physical appearance 24

flan *m.* caramel custard 30

flor *f.* flower

flora flora, plant world 28

fondo bottom; **en el fondo** at heart, deep down 24

fontanero plumber 27

forma way, manner; **de esta forma** in this way 40

formal, - serious, stable, correct, dependable, formal 24

formar to form, constitute 13; to train, educate 35

forzosamente necessarily, unavoidably 31

foto(grafía) *f.* photograph

francés *m.* French (language)

francés, francesa French; Frenchman, Frenchwoman

Francia France

franquismo General Franco's regime 11

frecuente, - frequent, common 16

fregar /ie/ to wash up 40

frenar to brake 45

frente a in front of, opposite 34

fresco, -a fresh 30

frito, -a (freír /i/**)** fried 30

frontera border, frontier 17

fruta fruit 28

fue (pret. of **ser** and **ir**) (s)he was; went

fuente *f.* source

fuente *f.* **de ingresos** source of income 28

fuera de (prep.) outside 29

fuerte, - tough, strong; hard 15

fumador *m.* smoker 6

fumar to smoke

funcionar to function, go, work (of machinery) 27

fútbol *m.* football

futbolista *m.f.* footballer 37

futuro future 29

G

gafas *f.pl.* glasses, spectacles

gallego, -a from Galicia, Galician

gamba prawn

gana desire; **tener gana(s) de** to want to, long to 4

ganadero, -a cattle-rearing 35

ganado livestock, cattle

ganado vacuno cattle 35

ganar to earn; to win, gain 18

ganarse la vida to earn one's livelihood, earn a living 17

garaje *m.* garage

gas *m.* gas 20; carbon dioxide 30; **con gas** fizzy, carbonated (drinks) 30

gastado, -a used up, worn out 15

gastar to use, spend (money); to waste, wear out

gastos *m.pl.* expenses, costs 3

gaucho Argentinian cowboy 35

gazpacho a kind of cold soup 30

generación *f.* generation 15

general *m.* general 11

general, - general, ordinary 33; **en general** usually, generally; **por lo general** generally, for the most part 34

generalizarse to become general 40

genial, - brilliant 40

gente *f.* people

germánico, -a Germanic 13

gesto gesture 33

gigante *m.* giant 12

gigante, - gigantic, huge 43

gigantesco, -a gigantic 32

gobernar /ie/ to rule, govern 20

gobierno government

golfo gulf, bay 20

golpe *m.* blow, hit, smack; knock; coup 34; **de golpe** at a stroke, at one go 35

golpe de estado coup d'état 34

golpe militar military coup 35

gracias thank you, thanks; **muchas gracias** thank you very much; **dar las gracias** to thank 15

gracias a thanks to

gracias a Dios thank God

gracioso funny; **¡qué gracioso!** how funny!, that's a good one! 43

grado degree (temperature)

gran(de), - large, big

grandioso, -a grand, impressive 16

granito granite 43

grave, - serious, grave

griego Greek (language)

griego, -a Greek 3

grifo tap 27

gritar to shout, cry out 14

grs = gramos grams 30

grupo group

guapo, -a (about people only) handsome, good-looking; (to people) 'sweetie', 'sweetheart'

guardia *m.* policeman 44

guarnición *f.* garnish, 'trimmings' 30

guatemalteco, -a Guatemalan, from Guatemala 16

guayaba guava 33

guerra war

guerra civil civil war

guiar to lead, guide 35

guisante *m.* pea 30

gusano worm; maggot 38

gustar to please, appeal to; **(no) me gusta** I (don't) like; **le gustas** he likes you 4; **me gustaría** (cond.) + inf. I should like, would very much like to … 2

gusto taste; pleasure 26; **mal**

gusto bad taste; **mucho gusto** (polite expr.) a pleasure!, pleased to meet you!, nice to know you!

H

habano Havana cigar 31
habano, -a from Havana
haber to have (tense forming auxiliary verb)
habitación f. room
habitación individual single room
habitante m. inhabitant
hablar to speak
habrá (fut. of **hay**) there will be 15
hace (of time) . . . ago
hace poco a short while ago, a little while ago
hace calor/frío it's hot/cold (weather)
hacer /**hago**/ to do, make; **haga el favor de** please be so kind as to
hacia in the direction of, towards
hambre f. (but **el hambre**) hunger; **tener hambre** to be hungry
Hamburgo Hamburg 26
hamburguesa hamburger 5
hará (fut. of **hacer**) it is going to be, will be (weather) 15; (s)he shall do, make
hasta till, until (time); right to, (space); up to; even 21
hasta pronto see you soon
hay there is, there are; **no hay de qué** (polite expr.) please don't mention it, not at all 22
hay que one has to, one must, it's necessary to
hecho (past part. of **hacer**) done, made
helado ice-cream
helicóptero helicopter 17
hermana sister
hermano brother
hermanos m.pl. brothers and sisters 25
héroe m. hero 13
hervir /ie/, /i/ to boil 41
hice (pret. of **hacer**) I did, I made
hidalgo knight, nobleman 12
hierro iron
higiénico, -a hygienic 27; **papel higiénico** toilet paper 27
hija daughter
hijo son
hijos m.pl. children
hispánico, -a Spanish, Hispanic 14
hispano, -a Spanish-American 18

Hispanoamérica Spanish America
hispanoamericano, -a Spanish-American
hispanohablante, - Spanish-speaking 18
histórico, -a historic 16
hizo (pret. of **hacer**) it was (weather) 3; (s)he did, made
hogar m. home
hoguera bonfire 32
hoja leaf; sheet of paper; form 9
¡hola! hi!, hello!
holandés, holandesa Dutch 23
hombre m. man, human being
¡hombre! man! no, now look here, you can't mean that!, heavens above!, whatever next!, etc.
honrado, -a decent, honourable 10
hora hour
horario time-table
horóscopo horoscope 39
horrible, - horrible, awful, terrible 15
hospital m. hospital
hotel m. hotel
hotelero hotel-keeper 35
hoy today; **de hoy** of today 11
hoy día today, nowadays
hoy mismo this very day
hubiera, hubiese (imperf. subjs. of **haber**) had 45
huelga strike 35
huella track, trace, mark, print 19
huellas digitales f.pl. fingerprints 19
huésped m. guest, visitor 27
huevo egg 30
huida escape, getaway 10
huir (**huyo**) to flee, escape 10
húmedo, -a damp, moist 28
humo smoke; **con muchos humos** vain, conceited 42
humor m. humour 24
húngaro, -a Hungarian 36

I

iba a + inf. was going to, would 11
ibérico, -a Iberian, from Iberia (old name for Spain) 13
iberos, los the Iberians (a people who gave the Iberian peninsula its name) 13
ida y vuelta return (ticket) 6; there and back, round trip 37
ida single (ticket) 6
idea idea, thought, notion
identidad f. identity; **documento de identidad** identity card 1
identificar to identify 8
ídolo idol 37

iglesia church
ignorar to ignore, take no notice of 19
igual, - equal, (the) same 4
igual que the same as 4
ilegalmente illegally 17
ilusión f. illusion, dream 17; **hacerle ilusión a alguien** to delight, thrill, excite someone 42
imaginado, -a imagined, thought, dreamt of 12
imaginarse to imagine
¡imbécil! idiot!, imbecile!, fool! 45
impedir /i/ to hinder, stop, prevent 21
imperio empire 13
imponer /**impongo**/ to introduce, impose 13
importación f. import 20
importancia importance, significance, magnitude, weight 20
importante, - important, significant
importantísimo, -a very important indeed 21
importar to import, bring in 16; to be important, matter; **¿le importaría** (cond.) + inf.? (polite expr.) would you mind . . . ing? 22; **¿qué me importa . . . ?** what do I care (about) . . .? what does . . . matter to me? 45
imposible, - impossible 17
impresionado, -a impressed 15
impreso (printed) form 6
impuesto tax 30
inca m. Inca 16
inclinarse to bend over, bow; to turn (towards) 36
incluido, -a included 30
inclusive (inv.) included, inclusive 26
incluso including, even
increíble, - incredible, unbelievable 15
independencia independence 16
independiente, - independent 13
independizarse to gain one's independence 16
India, la India 13
Indias, las the Indies, Spanish America 14
indicar to indicate, show 22
indicio sign, indication 14
indiferencia indifference 42; **con indiferencia** indifferently 42
indígena, - indigenous, native
indignación f. indignation, anger 11
indio Indian
individual, - individual, single
individuo individual, person 10
industria industry

industrial, - industrial; commercial 28

infarto heart attack 12

infernal, - infernal, hellish 38

infinidad *f.* infinity, an enormous number 19

inflación *f.* inflation 35

influencia influence 29

influir /influyo/ **(en)** to influence, have an influence (on) 13

información *f.* information

ingeniero engineer 24

ingenioso, -a ingenious, clever, resourceful 12

inglés *m.* English (language)

inglés, inglesa English; Englishman, Englishwoman

ingreso income 28

injusticia injustice 16

inmediatamente immediately, at once 12

inmenso, -a huge, immense 43

inmigración *f.* immigration 17

inmigrante *m.f.* immigrant

inseguro, -a uncertain, insecure 24

insistencia persistence, insistence 21

insistir (en) to insist (on), stress, emphasize 21

inspector *m.* inspector 12

instalar to instal, put in, lay 21

institucional, - institutional 20

instrucción *f.* instruction 27

insulto insult, affront 11

inteligente, - intelligent

intención *f.* intention 26

intentar to try, mean to 19

intento attempt, try, go 17

interés *m.* interest 16

interesante, - interesting

interesarse por to interest oneself in, take an interest in 29

interior inside; **el interior** the interior

interior, - inner, internal, interior 26

internacional, - international

intérprete *m.* interpreter 14

interrogar to interrogate, question 10

interrumpir to interrupt 34

intolerable, - intolerable, unbearable 12

introducción *f.* introduction 43

introducir /introduzco/ to insert, put in

inventar to invent, make up 39

invento invention 40

investigar to investigate, examine, search, explore 12

ir /voy/ to go, travel

irse /me voy/ to go away, leave

ir a + inf. (fut.) to be going to + inf.

ir + pres. part. (pres.) to be …ing 18

isla island

Islas Baleares, las the Balearic Islands (Majorca, Mallorca, etc)

Islas Canarias, las the Canary Islands

Italia Italy

italiano *m.* Italian (language)

italiano, -a Italian

itinerario route 6

izquierda left(-hand side); **a la izquierda (de)** on the left (of)

J

jamás never, ever 12

jamón serrano *m.* cured ham, salt ham 30

jefe *m.* chief, leader, boss; manager

jersey *m.* jersey, pullover

Jesucristo Jesus Christ 13; **antes de Jesucristo (a.J.C.)** Before Christ, B.C. 13

jota the letter j; word, jot 33

joven *m.f.* boy, girl, youth, young person

joven, - young 8

jóvenes, - young people

jubilarse to retire 29

judía bean 30

judías verdes green beans 30

judío Jew 35

jueves *m.* Thursday

jugador *m.* player 37

jugar /ue/ to play; to gamble

jugar a to play (games)

jugar al golf to play golf 24

jugar a la pelota to play ball 11

jugar a las cartas to play cards

juguete *m.* toy 25

julio July

jungla jungle 19

junio June

junto a beside, next to 18

juntos, -as together

jurel *m.* type of mackerel 29

K

kilómetro kilometre

kilómetro cuadrado square kilometre 20

L

la, las (def. art. fem.) the; (dir. obj. prons. fem.) it, her; them

laberinto labyrinth, maze 19

lado side; **al lado de** at the side of, beside; **al otro lado de** on the other side of; **aquí al lado** here next door 7; **por otro**

lado on the other side; **por un lado** on/to one side

ladrar to bark 42

ladrón *m.* thief, robber

lamer to lick 42

lana wool

lápiz *m.* (*pl.* **lápices**) pencil 40

Laponia Lapland 36

largo, -a long; tall

lata tin, can; **de lata** tinned, canned, preserved 30

latifundio large estate

latín *m.* Latin 13

latinoamericano, -a Latin-American 7

lava lava 29

lavar to wash

lazo lassoo 35

le, les (indir. obj. prons.) (to) him, her, you, them

lector *m.* reader 11

lechuga lettuce

leer /leo/ to read

legalmente legally 17

legumbres *f.pl.* vegetables 30

lejos far away; **a lo lejos** in the distance 29

lejos de (prep.) far away from; **no muy lejos de** not so far away from

lengua language 18; tongue 42

lenguado sole (fish) 30

lentamente slowly 29

león *m.* lion 46

letra letter (of the alphabet); words, lyrics 36

letrero notice, sign 33

levantar to lift, raise, erect 14

levantarse to get up, rise, get out of bed

leyenda legend 16; caption

leyendo (pres. part. of **leer**) reading 9

libanés, libanesa Lebanese 36

libre, - free, vacant, unoccupied

libro book

libro de ejercicios activity book

licencia permit, licence 19

licencia para manejar (*L. Am.*) driving licence 19

licor *m.* liqueur, spirits 30

líder *m.* leader 16

liga league; international team 37

ligero, -a light; easily digested 30

limpio, -a clean, neat, tidy

lindo, -a beautiful, lovely 11

listo, -a ready, finished 19

litera bunk, berth 6

literatura literature

lituano, -a Lithuanian 36

lo (def. art. before adjs., advs. and rel. prons) the

lo, los (dir. obj. prons., masc.) it 10; him; them

lo que that which, what 10;

a lo que which 12
locamente insanely, madly 23
lograr to get, obtain, acquire 10; to succeed in 13
loro parrot 14
los (def. art., masc. pl.) the
los que they who, those who
lotería lottery 39
lucecita (dim. of **luz**) little light 36
lucha struggle, fight, battle
luchar to struggle, fight 13
luego then, next, later, soon
lugar *m.* place, spot, space; **tener lugar** to take place 27
luminoso, -a shining, glowing 36
luz *f.* (*pl.* **luces**) light, glow, glare

Ll

Ll. abbrev. of **Llegada** arrival 6
llamada telephone call/conversation
llamar to ring, call; call (on) 15
llamar por teléfono to ring up, make a phone call
llamarse to be called (name)
llano, -a level, flat 28
llanura plain
llave *f.* key
llegada arrival
llegar (a) to arrive (at, in), come
llegar a ser to become 37
llenar to fill in 19
llenarse (de) to be filled (with) 32
lleno, -a (de) full (of) 11
llevar to carry; take with one; have with one; wear; manage; deal with 40; to live, lead (life)
llevar (+ time expr.) to have lived, have been for (+ time) 12
llorar to cry, weep 9, 12
llover /ue/ to rain
lluvia rain

M

macho male; 'kid' 33
madre *f.* mother
madrileño, -a from Madrid; an inhabitant of Madrid 3
madrugada early morning, dawn 21
maestro teacher 12; conductor 32; champion, master 37
magnífico, -a magnificent, splendid 10
mago magician, wizard; **los Reyes Magos** the Three Wise Men, the Three Kings 32
maître [mɛtrə] *m.* head waiter 30
maíz *m.* maize 14
mal badly, poorly
mal(o), mala bad, ill, naughty,

nasty; **menos mal** good job (too), just as well 9; **lo malo es ... the trouble is ...; lo malo es que ... the bad thing is, the worst of it is ... 11
maleta suitcase
mamá mummy, mum
mamarrachadas *f.pl.* rubbish, nonsense 39
mancha spot, stain, mark 11
mandar to order, give orders, let (happen) 11; send, dispatch 12
mando a distancia remote control 40
manejar (*L. Am.*) to drive a car 19
manejo handling 35
manera way, manner
manifestarse to demonstrate, protest 34
mano *f.* hand
manso, -a tame (animal) 46
mantel *m.* tablecloth 27
mantenerse/me mantengo/,/ie/ to stay, keep going, remain 20
mañana tomorrow; **la mañana** morning, tomorrow; **esta mañana** this morning 9; time + **de la mañana** (e.g. 9.00) in the morning; **pasado mañana** the day after tomorrow
mapa *m.* map 13
mar *m.* (sometimes *f.*) sea, ocean
maravilla marvel, wonder 21
maravilloso, -a wonderful 3
marcar to dial (a number); mark, indicate 27
marchar(se) to go, proceed, set off 14
marearse to feel sick, to feel ill 38
marginado, -a rejected by society 18
marido husband
marinero seaman, sailor 14
marquesa marchioness 42
marrón, - brown
martes *m.* Tuesday
martillo hammer 43
marzo March
mas but 16
más more, most; plus 19; **de más** too many, extra 42
matar to kill
mate *m.* tea made from leaves of the *mate* bush 35
material *m.* material
matón *m.* bully, lout, thug 34
matrícula registration number, licence plate
matrimonio marriage, matrimony 24
mayas *m.pl.* Maya Indians 16
mayo May
mayor, - larger, older; **el hermano mayor** the older brother 25

mayoría, la most, the majority 13
me me
mediado half; **a mediados de** (+ time expr.) in the middle of (+ time) 14
mediano, -a medium 6
médico doctor
médico de cabecera general practitioner 31
medida measurement; step, measure 11
medio means, resource 19
medio, -a half; average, typical 35
medio de transporte means of transport 28
mejilla cheek 21
mejor, - better, best
mejorar to improve, become better 16; to make better 42
melancólico, -a melancholy, gloomy, sad 36
melocotón peach 30
melodía melody 36
menos less, fewer; **menos de +** number less than + number 3
menos least; minus
menos mal good job (too), just as well 9
mentir /ie/, /i/ to lie, tell a lie 39
mercado market 43
merluza hake 29
mero a kind of halibut 29
mes *m.* month
mesa table
meseta plateau, high plain
mesié (= **monsieur**) sir 43
mestizo mestizo (of mixed native Indian and white races) 20
meteorológico, -a meteorological, weather 15
metro metre 3; underground, tube
mexicano, -a (also **mejicano**) Mexican
México D.F. (**D.F. = Distrito Federal**) Mexico City
mi, -s my
mí (after prep.) me
microordenador *m.* microcomputer 40
miedo fear, fright, terror; **tener miedo** to be afraid, be frightened 24
mientras while
mil thousand
miles de thousands of 13
mili *f.* (= **servicio militar**) military/national service 4
militar, - military 33
millón *m.* million
mina mine, pit
mineral *m.* mineral 20
mínimo minimum 30
ministerio ministry, department; **el Ministerio de Cultura** Ministry of Education and

Culture 12

minoría minority 40

minuto minute 5; **a los pocos minutos** in/after a few minutes

mío, -a; míos, -as my; mine 22

miope, - short-sighted, myopic 42

mirar to look (at), examine; **mire (usted), mira (tú)** look! look at this!, listen; you see . . .

mismo, -a (que) the same (as); himself, herself 21

misterio mystery 21

misterioso, -a mysterious, puzzling 21

mitad *f.* half

mixto, -a mixed 30

mochila rucksack, back-pack 9

modelo model 25

moderno, -a modern 6

módico, -a moderate, fair, reasonable 27

molestar to disturb, bother, upset, inconvenience 22

molino de viento windmill 12

momento moment

moneda coin

monedero purse 9

monstruo monster 36

montaña mountain 28

montañoso, -a mountainous 20

montar to set up 32

montar a caballo to ride a horse 35

montón *m.* lots, pile, heap

monumento monument

moreno, -a dark (of hair, person)

morir /ue/, /u/ to die 14

mortalidad *f.* **infantil** infant mortality 20

mostrador *m.* bar counter, shop counter

mostrar /ue/ to show

motivo motive, reason, cause; **con motivo de** because of, owing to 11

moto(cicleta) *f.* motor-cycle 4

mover /ue/ to move, stir; to wag 42

moverse /ue/ to move oneself, stir 42

muchacha girl 6

muchacho boy, youth 34

muchísimas ganas great desire, longing 4

mucho (adv.) much

mucho, -a (+ noun) a lot of

muchos, -as many

muerte *f.* death 14

muerto, -a dead 34

mujer *f.* woman, wife

¡mujer! but, my dear!, my dear woman!

multa fine 44; **ponerle a alguien una multa** to give someone a

fine 44

mundial, - world- 35; **la guerra mundial** the World War

mundo world; **todo el mundo** everyone, everybody 44

murió (pret. of **morir**) he died 14

museo museum

música clásica classical music 24

musulmán *m.,* **musulmanes** *m.pl.* Muslim, Moslem, Mohammedan 13

musulmán, musulmana Moslem, Muslim, Islamic 13

muy very; **no muy** not especially

N

nacer /nazco/ to be born 14

nacido, -a born 16

nacimiento birth 16

nación *f.* nation, people 16

nacional, - national 6

nacionalización *f.* nationalization 20

nada nothing, not anything; **de nada** you're welcome, don't mention it, not at all

nadar to swim

nadie no one, not anyone, nobody

Nápoles Naples 36

natural, - natural, fresh (as opposed to tinned or frozen) 30

naturalmente naturally 10

navegante *m.f.* seafarer, navigator 13

Navidad *f.* Christmas; **por Navidad** at Christmas (time)

necesario, -a necessary 14

necesidad *f.* necessity, need 20

necesitar to need

negar /ie/ to deny 42

negativo, -a negative

negro, -a black

ni not (a single); not even; not . . . either; **no sé ni una palabra** I don't know a single word 3; **ni siquiera** not even 34

ni . . . ni neither . . . nor 29

nieve *f.* snow 28

ningún/ninguno, -a no one, not anyone; nothing, not anything; none, not any 21

niña (small) child, girl

niño (small) child, boy

niños *m.pl* (small) children

nivel *m.* level, standard 12

no no, not

no más (*L. Am.*) only 25

noble, - noble, aristocratic; nobleman, aristocrat 14

noche *f.* night; **esta noche** tonight; **por la noche** during the night; **de noche** at/by night 17, 34

nombre *m.* name 1

nombre de pila first name, baptismal name 1

norte north; **el norte (de)** the northern part (of)

norteamericano, -a from North America, North-American 15

nos us

nosotros, -as we; (after prep.) us

noticia (piece of) news 21

novecientos, -as nine hundred

novela novel 36

noventa ninety

novia fiancée

noviembre *m.* November

novio fiancé

nuestro, -a; -os, -as our

nuevamente again, once more 35

Nueva York New York 15

nueve nine

nuevo, -a new; **de nuevo** again

Nuevo México New Mexico 18

Nuevo Mundo, el the New World 13

número number

nunca never, not ever

O

o (**ó** between numbers) or **o bien** or rather 32

objeto object, article 43

obligado, -a (a) forced, obliged (to) 26

obligar (a alguien a hacer algo) to force (someone to do something) 16

obra work (of art), work; road works (*pl.*) 21

obrero worker, labourer

obrero, -a working-class 18

obtener /obtengo/, /ie/ to receive, obtain 40

ocasión *f.* occasion

octubre October

oculista *m.f.* optician 19

ocultar to hide, conceal 42

ocupar to take up, occupy

ocurrir to occur, happen 9; **lo ocurrido** what happened, what had gone on 42

ochenta eighty

ocho eight

oeste west; **el oeste** the west, western part

oficial, - official

oficialmente officially 32

oficina office

¡oiga! (**usted** imp. of **oír**) listen!, hello there!, excuse me! (to attract attention)

oír /oigo, oyes, *etc.*/ to hear

ojo eye

¡ojo! look out!, watch out! 33

olvidar to forget 1

olvido forgetting 36

once eleven

operacíon *f.* **bancaria** bank transaction 40

oportunidad *f.* chance, opportunity 26; **aprovechar la oportunidad** to take the opportunity 26

oprimido, -a oppressed 18

opuesto, -a opposite, contrary, conflicting

orden *m.* order; **a la orden** (*f.*) (*Col.*) =**de nada** (*Sp.*) don't mention it, not at all 33; **por orden** in turn 35

ordenador *m.* computer 4

ordenar to order, give orders 12; to put in order; to program (pun) 40

organizar to organize 15

orgulloso, -a proud 18

origen *m.* origin 16

originalmente originally 16

a orillas de on the shore/banks of

oro gold 14

os you (*pl.*)

oscuro, -a dark (unlit)

oso bear, brown bear 46

otra vez another time; again

otro, -a another, one more

otros, -as other

¡oye! (**tú** imp. of **oír**) listen!, hello there!, excuse me! (to attract attention)

P

paciencia patience 24

paciente *m.f.* patient 41

pacientemente patiently 35

pacífico, -a peaceful 15

padecer /**padezco**/ to suffer 39

padrastro stepfather 25

padre *m.* father

padres *m.pl.* parents

padrino godfather 35

paella paella (rice and seafood dish)

pagar to pay (for)

página page (of a book) 36

país *m.* country, land; area, region

paja straw

pajarito (dim.) small bird 46

pájaro bird

pájaro canario canary 28

palabra word 3

palacio palace 13

palmera palm tree 27

pampa pampa, grassy plain, prairie 35

Pampas, las the Pampas in Argentina 35

pan *m.* bread 30

pantalón *m.* trousers

pantalla screen 40

panza belly, paunch 12

paño duster, cloth 27

paño de cocina kitchen cloth, tea towel 27

papá *m.* daddy, dad 38

papel *m.* paper 8

papel higiénico toilet paper 27

paquete *m.* packet, parcel

par *m.* pair; **un par de** a couple of 29

para for, to, in order to (purpose, destination)

para que so that 24

paraíso paradise 11

pararse to stop 22

parecer /**parezco**/ to seem, appear, look like/as if 4

parece que it seems as if 13; **¿qué te parece?** what do you think? 39

parecido, -a like, alike, similar

pareja pair, couple 6

pariente *m.f.* relation, relative

paro unemployment 16

parte *f.* part; **gran parte de** a large part of; **las dos terceras partes** two thirds 20; **las tres cuartas partes** three quarters 20; **por todas partes** everywhere 18

particular *m.* point, matter, detail 16; **sin otro particular** with nothing further to add (in business letters) 26

partido party (political) 20

partido de fútbol *m.* football match 40

partir to depart 13; **a partir de** from . . . onwards

pasaporte *m.* passport

pasar to spend, stay, pass; happen 11; go over, cross 13; **el pasado** the past 16; **¿qué te pasa?** what's up with you?, what's the matter? 9; **pasarlo bien** to have a good time 2; **¡que lo pase (usted) bien!**, **¡que lo pases (tú) bien!** have a good time!, have fun! 5

pasearse to take a walk, stroll, walk around; drive around 25

paseo walk; avenue

pasión *f.* passion 37

paso step 8; **a pocos pasos** at a short distance 21

pastilla tablet, pill 41

pastor *m.* shepherd; goatherd 29

pata foot, leg of animal; **tener mala pata** to have bad luck 4

patata potato

patio patio, inner courtyard 26

patria homeland, native country 39

pebeta (*L. Am.*) little girl 36

pecho breast, chest 36

pedir /**i**/ (**algo a alguien**) to ask

(someone for something); request (something of someone) 15

pedir prestado (algo a alguien) to borrow (something from someone) 39

pegar (a alguien) to hit, strike (someone) 25

pelearse to quarrel, fight, fall out 39

peligro danger 32

peligroso, -a dangerous 38

pelo hair

pelota ball 11

pena distress, pain, sorrow, trouble 11; **es una verdadera pena** it's really sad 11

península peninsula

pensar /**ie**/ to think, believe 14

pensar algo to think about/ consider something 17

peor, - worse; **cada vez peor** worse and worse 35

pequeñito, -a (dim.) terribly small, tiny 8

pequeño, -a small, little

pequinés *m.* pekinese dog 42

percha clothes/coat-hanger 27

perder /**ie**/ to lose 9

perderse algo to miss something 29

perdonar to forgive, excuse 22

periódico newspaper

periodista *m.f.* journalist 18

período period, phase, era 16

permiso permission, permit 1

permiso de conducir driving licence 1

permitir to allow, permit 23

pero but

peronista *m.f.* follower of Juan Perón 34

perro dog

persona person

personaje *m.* person, character 36

Perú, (el) Peru

pervivir to live on, survive 14

pesar to weigh 16; **a pesar de** despite, in spite of

pesca fishing

pescadilla small hake, whiting 29

pescado fish (dead, considered as food)

pescar to fish, go fishing 38

peseta peseta (Sp. monetary unit)

peso peso (monetary unit in several Sp. Am. countries) 7

petróleo petroleum, oil

petrolífero oil-bearing, oil-producing 20

pez *m.* (*pl.* **peces**) fish (live, in water) 29

pezqueñín *m.* small, young fish 29

pibe *m.* (*L. Am.*) buddy, mate,

pal 33

pico point, tip; **es la una y pico** it's just gone one o'clock 22.

pie *m.* foot; **por pies planos** because of flat feet 33; **a pie(s) juntillas** absolutely, firmly 39

piedra stone 13

piel *f.* skin, hide 35

pijama *m.* pyjamas; a kind of ice-cream and fruit dessert 30

pila battery; baptismal font

pinta appearance 34

pintar to paint

pintor *m.* painter 42

pintura painting 13

piso flat, apartment

pistola pistol 8

pizca a pinch, a little bit 35

pizzería pizzeria 36

plancha iron; hot-plate; **a la plancha** grilled on the hot-plate 30

planchar to iron 25

plano town-map, map

plano, -a flat 14

planta plant, crop 28

plástico plastic

plata silver 16

plátano banana 28

playa beach

plaza square, market square, open space; place 6; bullring 32

Plaza Mayor, la Main Square 21

plazuela (dim.) little square

población *f.* population; village, town, community

poblado, -a populated, inhabited 13

poblar to populate, inhabit

pobre, - poor

poco little, not much; a short time 4; **un poco** a little, a bit; **un poco de** + noun a little, a little bit of . . .; **dentro de poco** in a little while, shortly

poco a poco gradually, bit by bit 13

poco después shortly, soon afterwards 8

pocos, -as few

poder /ue/ to be able to

poder *m.* power 16; **estar en (el) poder de** to be in the power of, be under the sovereignty of 16

poderoso, -a powerful 13

podré (fut. of **poder**) I shall be able to 15

poesía poetry 37

polaco, -a Polish 35

policía *m.* policeman 9

policía *f.* the police, police force 8

política politics

políticamente politically 16

político, -a political

polvoriento, -a dusty 17

pollo chicken

poncho poncho, Indian blanket 35

poner /pongo/ to put, place, lay; **pone** it states, it says 30

ponerse /me pongo/ to become 4; to put on (clothing)

ponerse a hacer algo to begin/ start to do something 42

popular popular; folk, of the people 32

poquito (dim. of **poco**) a little bit 4

por by; through; via; because of; for; in exchange for; on 5

por carta by letter 34

por ciento *m.* per cent

por esto, por eso therefore, because of this, for this reason

por favor please, be so kind as to . . ., would you mind . . .

por fin in the end, finally 3

por teléfono by telephone 34

por tierra by land 14

¿por qué? why?

porque because

porquería dirt, muck, filth 11

porteño, -a of Buenos Aires 36

portugués, portuguesa Portuguese 16

posible, - possible 16; **lo antes posible** as soon as possible 16

postre *m.* dessert, second course, pudding 30

prácticamente practically, almost 16

práctico, -a practical 28

precio price

precioso, -a exquisite, beautiful

precisamente precisely, exactly

precisión *f.* precision, exactness 15

predicción *f.* prediction, forecast 15

preferir /ie/, /i/ to prefer 2

pregunta question

preguntar to question, ask a question

premio prize, award 37

prensa, la (the) press 21

preocuparse to worry, be anxious 5

preparar to prepare, make ready

presencia presence, attendance 21

presentar to present, introduce (a person to another)

presentarse to put in an appearance, show up, be there 21; to take an exam 4

presente present; **el presente** the present 16

presidente president 21

presidenta woman president 35

préstamo loan 39

prestar to lend 22; **prestar atención (a)** to pay attention (to) 21

prestigioso, -a prestigious, outstanding 37

pretender to claim, seek to, try to 16

prima female cousin

primavera spring 32

primero first, firstly

primer(o), -a first, the first

primo male cousin

principio beginning, start; **a principios de** (+ time expr.) at the beginning of (+ time) 3

prisa hurry, haste 5; **tener prisa** to be in a hurry 5; **a toda prisa** in a great hurry, in haste 29

probablemente probably 39

probar /ue/ to try, test; to taste

problema *m.* problem

proceder de to come from 6

producir /produzco/ to produce, yield, give; cause, bring about

producto químico chemical product 20

productor *m.* producer 35

profesión *f.* profession, occupation 1

profesor *m.* professor 23

profundo, -a deep, profound 24

programa *m.* programme 22

programador *m.* programmer 1

prohibido, -a forbidden, prohibited 5

prohibir to forbid, prohibit 5

promesa promise, pledge, vow 36

prometer to promise

pronosticar to predict, forecast 15

pronto soon; **ahora pronto** now 27; **de pronto** suddenly 9

a propósito de talking of . . ., speaking of . . . 4

protección *f.* protection 29

protesta protest, objection 11

protestar to protest, object 14

provincia province, country area

provocar to provoke, rouse, tempt; **¿qué le provoca?** (*Col.*) = **¿qué desea?** (*Sp.*) what do you fancy? what would you like? 33

proximidad *f.* proximity, nearness, closeness 14

próximo, -a next 8

prueba proof, evidence 13

pta = **peseta** (Sp. monetary unit)

publicar to publish 13

público, el (the) public

pudo (pret. of **poder**) it could, was able to 8

pueblecito (dim.) small village

pueblo people; village, town, community

puerta door, entrance

puerto harbour

puertorriqueño, -a Puerto-Rican 18

pues yes, well; well then; so then; in that case; for 23

puesto (past part. of **poner**) put, placed, put on

pulsar to press, touch, tap (button, key) 6

¡pum! [pun] bang! c-rash! 45

punto point 28

puntito (dim.) little dot, spot 29

puñetas, ¿qué puñetas ... ? What the hell ... ? 45

puro cigar 31

puro, -a clean, pure; simple; (L.Am.) just, only 25

puse (pret. of **poner**) I placed, put 9

Q

que that/which (sometimes not translated), who; for, because

¿qué? which? what?

¡qué va! certainly not!, not on your life! 29

quechuas m.pl. Indian people in the Andes 16

quedar to remain, be left; to end up 45

quedarse to stay (behind), stop where one is

quedarse con (algo) to keep (something)

queja complaint, lament 36

quejarse to complain, moan about 33

quemar to burn 32

querer m. love 36

querer /ie/ to want, wish, want to have, wish for; love, like

querer decir to mean 5

querido, -a dear; Dear (in letters) 4; darling 5

queso cheese

¿quién, -es? who?

quieto, -a still, motionless 36

quince fifteen

quinientos, -as five hundred

quisiera (imperf. subj. of **querer**) I should like 7

quiso (pret. of **querer**) (s)he wanted 21

quitar to take away, take from 12

quizá(s) perhaps, maybe

R

ración f. portion 30

radio f. radio

radio-despertador m. radio alarm 40

radio-transistor m. transistor radio 15

raíz f. (pl. **raíces**) root 18

rama branch 14

ramo bouquet, bunch 10

rápidamente quickly, rapidly 16

rápido quick, fast, rapid

raro, -a peculiar, strange, odd; rare, unusual 46

rascacielos m.sing. skyscraper 36

rastro flea-market 43

rata rat 38

rato moment, while, period of time

ratito (dim.) little while 30

razón f. reason; right, fairness; **tener razón** to be right 30

reaccionar to react 8

realidad f. reality 36; **en realidad** in actual fact 21

realizar to carry out, effect; to make 13

realmente really, actually

rebaño flock; herd 29

rebelarse to rebel, rise, revolt 16

recepción f. reception 26

receta recipe 36; prescription 41

recibir to receive, be given

reclamación f. claim; complaint 30

reclamar to demand, claim 20

recoger /recojo/ to fetch, bring, pick up, collect

recomendar /ie/ to recommend 23

reconocer /reconozco/ to recognize 42; to admit 45

reconquista reconquest 13; **la Reconquista** the Reconquest of Spain from thc Moors (711–1492) 13

reconquistar to reconquer 13

recorte m. newspaper cutting 10

recurso resource 20

rechazar to reject, refuse, turn down 33

red f. net, network 6

red telefónica telephone network 40

redondo, -a round 14

reducir /reduzco/ to reduce, decrease, lessen 16

referencia reference 13; **hace referencia a** it refers to 13

reforma reform 20

refresco soft drink, refreshment 5

regalar to give (as a present)

regalo gift, present

regalo de Navidad Christmas present 31

régimen m. (pl. **regímenes**) regime, rule 35

región f. region, area

regresar to return, go/come back

reino kingdom 13

reír /río/, /i/ to laugh 29

relacionarse to make contact, get to know 24

relativamente relatively 20

relato tale, account 13

religión f. religion 16

reloj m. clock, watch

rellenar to fill in

remedio remedy, recourse 42; **no tener más remedio que** to have no other option but, have no other way out except 42

remirar to look over again, to examine closely 21

remoto -a distant, remote 16

renombre m. reputation; repute, fame 42

rentista m. financier; rentier, person of independent means 36

repartido, -a distributed, divided

repente, de repente suddenly 9

reposar to rest, settle 35

representar to represent, depict 13

represión f. repression 35

república republic 21

res f. cattle (pl.), beast 35

resero cowboy, herdsman 35

reserva reserve, stock 20; booking, reservation 26

reservar to reserve, book

resfriado a cold, chill 39

resolver /ue/ to solve 23

respetar to respect 29

respeto respect 29

responder to reply, respond 12

respuesta reply 3

restaurante m. restaurant

resto rest, remainder 16

rcsulta quc it so happcns that 27; it turns out that 45

resultar to become, prove (to be), result (in)

retirar to take away, remove 11

retraso delay 5; **traer retraso** to be delayed 5

retratista m. portrait-painter 42

retrato portrait 42

reunirse to assemble, gather together 32

revolución f. revolution 16

revolucionario, -a revolutionary

rey m. king 8; **los Reyes Católicos** the Catholic Kings, Catholic King and Queen (Ferdinand and Isabella) 13; **los Reyes Magos** the Three Wise Men, the Three Kings 32

rico, -a (en) rich (in)

rienda outlet, freedom; **pedir rienda** to ask to be set free 36

rincón m. (inner) corner

río river

riqueza wealth, richness

ritmo rhythm 36
robar (algo a alguien) to steal (something from someone)
robo theft, robbery 10
roca rock 28
rodeado, -a (de) surrounded (by/with) 40
rogar /ue/ to ask, beg 26
rollo roll 27
Roma Rome 13
romano, -a Roman; **a la romana** deep fried in batter 30
ropa clothes; linen 27
ropero, -a clothes- 27; **armario ropero** wardrobe 27
rosa rose 10
rosa, - pink 21
rubio, -a fair, blond (of hair, person)
rumbo a in the direction of 43
ruso, -a Russian 35

S

S. abbrev. of **Salida** departure 6
sábado *m.* Saturday
sábana sheet 27
saber *m.* knowledge, 'savvy' 35
saber(se) to know, be able = know how to
sacar to take out, get, get hold of 19; to extract 29
sacar a pasear to take out for a ride 25
saco sack, bag 9
saco de dormir sleeping-bag 9
sala living-room; room 19
sala de espera waiting-room 9
salado, -a salted, salty 30
salchicha sausage
salchichón *m.* fat, salami-type sausage 30
salero salt-cellar 30
salida departure (train) 5; exit, way out 10; leaving 15
salir (salgo) to go out, come out; to leave 5; to set off 15
salir (hacia, para) to leave (for), depart (for) 14
salir bien (a alguien) to turn out well (for someone) 4
salmonete *m.* red mullet 29
salud *f.* health
saludar to greet 26
saludo greeting, good wishes
salvar to save, rescue 15
San José St Joseph 32
sandalia sandal 9
sangría sangría (mixture of red wine, lemon and orange juice, fizzy mineral water, ice cubes, slices of fruit and also often brandy) 30
sano, -a healthy 39
sardin(ill)a (small) sardine 29

satisfacción *f.* satisfaction, pleasure 11
satisfecho, -a satisfied, contented 42
sazón *f.* maturity, ripeness; **en sazón** in proper condition 29
sé (pres. of **saber**) I know 3
se -self (reflexive); him, her, it, you, them (replacing **le, les**); English 'one' or passive (impers.)
sea (pres. subj. of **ser**) be 24
sección *f.* section, department
seco, -a dry, arid
secreto secret 15
sed *f.* thirst; **tener sed** to be thirsty
seguida, en seguida at once, immediately
seguir /**sigo**/, /i/ to keep on; **sigue todo derecho** keep straight on 8
seguir + pres. part. to continue to + inf. 6
según according to
segundo, -a second
seguro, -a certain, sure; safe
seis six
selva jungle, forest
sello (postage) stamp 24
semáforo traffic light 19; **saltarse los semáforos** to jump the lights 45
semana week
semilla seed 14
sencillo, -a simple 42
sensacional, - sensational
sentado, -a sitting, seated 18
sentarse /ie/ to sit down 9
sentido sense, feeling 24
sentido del humor sense of humour 24
sentimental, - sentimental 39
sentir /ie/, /i/ to be sorry, regret 1
sentirse /ie/, /i/ to feel (ill/well, lonely, etc.) 24
señal *f.* sign 5
señor *m.* gentleman, man, Mr
señora lady, wife, Mrs
señorita young lady, Miss
septiembre (also **setiembre**) September
ser /**soy**/ to be
serie *f.* series 16
serio, -a reliable, trustworthy 24
servicio service; service charge 30
servicios, los public toilets, conveniences 22; facilities 27
servilleta napkin 8
servir /i/ to serve, be of use; **no sirve** it's no good 30
setecientos, -as seven hundred
si if
sí yes; **(en el norte) sí ...** on the other hand 17

sí que indeed, certainly, really 42
sido (past part. of **ser**) been
siempre always
siento (pres. of **sentir**) I'm sorry; **lo siento** I'm sorry; unfortunately, no 1
siglo century
significar to mean 5
signo sign 39
sigue (**seguir**) + pres. part. continues to + inf., goes on ... ing 6
siguiente, - following, next; **al día siguiente** the next day 10
silueta silhouette 36
silla chair
símbolo symbol 35
simpático, -a likeable, pleasant, nice 15
sin (prep.) without; **sin embargo** however 11
sinceridad *f.* honesty, sincerity 24
sino (conj.) but; **no ... sino** not ... but 12; only, no more than 35
sinvergüenza *m.f.* rotter, scoundrel, shameless person 31
sirio, -a Syrian 36
sistema *m.* system 20
sitio place, location
situación *f.* situation, position 16
situado, -a situated
sobras left-overs, scraps 25
sobre on, on top of, upon; over, above; about, regarding; about, roughly
sobre todo first and foremost, primarily, above all, especially 13
sobrevivir to survive 19
social, - social
sociedad *f.* society, community 16
sol *m.* sun
soldado soldier 14
soledad *f.* loneliness, solitude 24
soler /ue/ to be accustomed to, be in the habit of 34
solicitar to request, apply for 6
solicitud *f.* request, application 19
solo, -a alone, solitary; single 3
sólo only
soltero bachelor
soltura fluency, ease 18; **con mucha soltura** very freely, fluently 18
solucionar to find a solution to 11
sombra shade, shadow; **a la sombra** in the shade 38
sombrero hat, sombrero 32
someter to overcome, conquer 16
son (pres. of **ser**) that will be = it costs 6
sonar /ue/ to sound, ring
sonreír /**sonrío**/, /i/ to smile 8
sonriendo smiling 6
sopa soup

sorber   to suck up; to sip 35
sorprender   to surprise, take unawares, startle
sorprendido, -a   surprised, startled, amazed 12
sorpresa   astonishment 10; surprise 11
soso, -a   tasteless 30
sospechar (de alguien)   to suspect (someone) 34
su, -s   his, her, its, their, your
subir   to go up, come up; get in (car), get on (bus, train)
suceso   event, happening 12
sucio, -a   dirty 11
sucursal *f.*   branch (of store, office, bank, etc) 8
suelo   floor, ground 21
suerte *f.*   luck, good fortune 9; fate, destiny 36; **por suerte** fortunately, as luck would have it 45
sufrir   to suffer, endure 16
Suiza   Switzerland
suma   sum 37
supe (pret. of **saber**)   I knew, I got to know 34
superficie *f.*   surface, area 20
supermercado   supermarket
suplemento   supplement, additional charge 6
suponer /**supongo**/   to suppose 43; **por supuesto**   naturally, of course 25
sur *m.*   south; **al sur de**   to the south of 38
surrealista, -   surrealist 43
suspender   to fail an exam 4; to stop, refrain from 39
suyo, -a; -os, -as   his, hers, its; theirs; yours 22

T

tabaco   tobacco
taberna   bar, tavern 33
tabernero   barman, tavern-keeper 33
tacita (dim. of **taza**)   small cup 33
tal   so, in such a way
tal como   just as 15
talento   talent 13
Talgo, el   express train in Spain 6
talla   size (clothes); carving; sculpture 7
taller *m.*   factory workshop 24; studio 43
también   also
tampoco   neither, not … either; **ni tampoco**   and neither 23
tan   so
tan … como   as … as
tango   tango (dance) 36
tano *(Arg.)*   Southern Italian 35
tanto   so much

tanto, -a; -os, -as (+ noun)   so much; so many
tanto, -a; -os, -as … como   as much/many … as; **no es para tanto**   it's not as bad as all that 9; **por lo tanto**   so, consequently 20
tardar   to take a long time, be long; to be late; delay
tardar en   to be slow to 4; to take time to 42
tarde   late; too late
tarde *f.*   afternoon, evening; **buenas tardes**   good afternoon/ evening
tarjeta   post card
tarjeta interrail   inter-rail card 4
taxi *m.*   taxi, cab
taza   cup
te   you (informal) *(sing.)*
teatro   theatre
tecla   key (computer, typewriter, piano) 6
tecnológico, -a   technological 35
tejado   roof 29
tela   material, cloth 42
tele *f.*   television, telly, t.v. 34
teléfono   telephone
televisión *f.*   television
televisor *m.*   television set
tema *m.*   topic, subject 4
temperatura   temperature
tempestad *f.*   storm 15
templado, -a   mild, temperate 28
temprano   early
tendero   shopkeeper 35
tendrás que (fut. of **tener que**) you'll have to, you'll need to 15
tener /**tengo**/, /**ie**/   to have, have got, possess
tener lugar   to take place 27
tener que + inf.   to be forced to
tener suerte   to be lucky, in luck 9
¡tenga!   here you are!
tenis *m.*   tennis
tenista *m.f.*   tennis-player 37
tercer(o), -a   third
terminar (de)   to stop (… ing); to finish; end 21
ternera   veal 30
terrateniente *m.*   landowner
terraza   terrace, balcony
terreno   piece of land; area 39; **ganar terreno**   to gain ground 18
terrible, -   terrible, frightful, horrible 9
territorio   territory, area
tertulia   meeting, regular gathering 34
testigo   witness 10
ti   you (informal) *(sing.)*
tí (after prep.)   you (informal) *(sing.)*
tía   aunt
tiempo   time; weather; **hace buen**

tiempo   it's lovely/fine weather; **hace mal tiempo**   it's bad/foul weather
tienda   shop, store 18
tierra   soil, earth; land 14; homeland; the Earth, the globe; **por tierra**   by land, overland
tierras *f.pl.*   areas 13
tinto   coloured; **vino tinto** (*Sp.*) red wine; **un tinto** (*Col.*)   a cup of black coffee 33
tío   uncle
tipo   chap, guy, character 34
toalla   towel 27
tocar   to touch; to play (instrument)
tocarle a alguien   to be someone's turn; **me toca a mí**   it's my turn 15
todavía   still, yet
todo, -a; -os, -as   all, whole, every; **sobre todo**   first and foremost, above all, primarily
todo lo que   all that …
tomar   to take; to eat, drink
tomate *m.*   tomato
tonelada   ton
tonto, -a   stupid, foolish 39
torcer /**tuerzo**/, /**ue**/   to twist, bend; turn 8
torneo   tournament 37
toro   bull 32
tortilla   omelette
tortuga   tortoise 25
tostada   piece of toast 41
total *m.*   total; **en total**   totally, all in all, in short
totalmente   totally, wholly 11
trabajador *m.*   worker, workman
trabajar   to work
trabajo   work
tradicional,-   traditional
traer /**traigo**/   to bring, fetch, carry, take with one
traer retraso   to be late (trains) 5
tráfico   traffic
trágico, -a   tragic, sorrowful 32
trajo (pret. of **traer**)   he brought 14
tranquilidad *f.*   calm, stillness, tranquility 29
tranquilo, -a   quiet, tranquil 26
tránsito   traffic
transmitir   to transmit, pass on, hand down 15
transparente, -   transparent, clear 11
tras (prep.)   after 35
trasladarse   to move (house), change (abode) 16
traspasar   to transfer 37
tratar (de)   to try (to)
tratarse de   to be about, concern
trato   agreement, deal 43
trato hecho   agreed, it's a deal! 43
travesura   prank, mischief 46

treinta thirty

tren *m.* train 5

tres three

tribu *f.* tribe 15

trigo wheat

tripulación *f.* crew 14

triste, - sad, dismal, sorrowful 17

tropezar con to bump into, run into; come up against 21

tropical, - tropical 28

trópico *m.* tropic (of Cancer or Capricorn) 28

tu, -s your (informal) (*(sing.)*)

tú you (informal) (*sing.*)

tumba grave, tomb 36

turco, -a Turk 35

turismo tourism; saloon car 10

turista *m.f.* tourist 32

turrón *m.* kind of nougat (made from almonds and honey) 31

tuve (pret. of **tener**) I had 4

tuvo que (pret. of **tener que**) he had to 15

tuyo, -a; -os, -as your, yours (*sing.*)

U

ucraniano, -a Ukrainian 36

últimamente lately, during the last few days 4

último, -a latest, last 3

uno one (impers. pron.) 18

un(o), una a, an

único, -a one and only 3; **lo único** the only thing 42

unión *f.* union, uniting 13

universidad *f.* university

unos, -as some; approximately, roughly, about

urbanización *f.* planned town area, development 27

usado, -a used, second-hand 43

usar to use, make use of 27

uso use 27

usted, -es you (formal); **a usted** thanks!, thank *you*, I should be thanking you 22

utilizar to use, utilize

V

vaca cow

vacaciones *f.pl* holidays; **estar de vacaciones** to have holidays, be on holiday; **ir de vacaciones** to go on holiday

vacío, -a empty, vacant

vagón *m.* (railway) carriage, coach 5

vainilla vanilla

vajilla crockery, dishes; **fregar la**

vajilla to do the washing-up 40

vale, vale O.K., right, sure 5; all right, that's enough 38

valeroso, -a brave, courageous 12

valor *m.* value, worth

vamos that's it, that's right; no, now listen; come now

variado, -a varied 28

varios, -as several, various

varón *m.* male; 'man' 33

vasco, -a Basque, from the Basque Country

vaso (drinking) glass

¡vaya! (imp. of **ir**) go 7; oh! dear me! 7; well!; oh, I say!

¡vaya...! what a...! 45

vegetación *f.* vegetation, plant life 29

vehículo vehicle, car 10

veinte twenty

vencedor *m.* victor, winner 37

vendedor *m.* salesman, vendor

vender to sell

vendrán (fut. of **venir**) they will/ are going to come 15

venir /**vengo**/, /**ie**/ to come

ventana window

ventanilla (dim.) counter-window (bank, booking office) 6

ver to see; to meet 4; **a ver (si)...** let's see, we'll see (if)...

verse to see one another; to meet 23

verano summer

veraneo summer holiday 38; **casa de veraneo** summer-holiday home 38

verdad *f.* truth

¿verdad? isn't that true?; **de verdad que** really 30

verdadero, -a true, real

vergel *m.* large garden 29

vergüenza shame 9

vestido, -a wearing 35

vez *f.* (*pl.* **veces**) (at a) time; **a veces** sometimes; **a la vez** at the same time 38; **otra vez** another time, again; **por primera vez** for the first time 13

vi (pret. of **ver**) I saw

vía (railway) track 5

vía rápida fast lane (roads) 19

viajar to travel 18

viaje *m.* journey; **¡buen viaje!** have a good journey!, bon voyage!

viaje chárter charter flight 3

viajero passenger, traveller 35

víbora poisonous snake, viper 46

vida life

vida hogareña domesticity 24

vídeo *m.* video-recorder 40

viejo, -a old

viento wind

viernes *m.* Friday 8

villancico Christmas carol 32

vino (pret. of **venir**) he came 4

vino wine

vino tinto (*Sp.*) red wine

vio (pret. of **ver**) she saw 8

violencia violence, force 35

violentísimo, -a extremely violent 20

violento, -a violent, rough

Virgen, la the Virgin Mary 32

visitar to visit

vista gaze, sight 11; view 27

visto (past. part. of **ver**) seen

vivienda dwelling

vivir to live; to experience 35

vivo, -a alive 20

Vizcaya Basque province in northern Spain 8

volar /**ue**/ to fly 46

volcán *m.* volcano 29

volcánico, -a volcanic 28

volver /**ue**/ to return, go back, come back

volver corriendo to run back, to hurry back 9

volver a + inf. to do something again 4

volver a verte to see/meet you again 4

vos (*L. Am.*) you (2 pers. sing.) 33

vosotros, -as you (informal) (*pl.*)

voz *f.* (*pl.* **voces**) voice 21

vuelto (past part. of **volver**) returned, come back

vuestra merced (origin of **usted**) your grace 12

vuestro, -a; -os, -as your, yours (informal) (*pl.*)

Y

y and

ya now; already; surely 17; **ya no** no longer 9; **ya que** as, because 16

¡ya! right!, now I see/understand!

yacimiento deposit; (oil) field 20

yo I

yogur *m.* yoghurt 41

yugoslavo, -a Yugoslavian 36

Z

zapato shoe

zona zone, area

zoológico zoo 46

zumo (fruit) juice 30

zurdo, -a left-handed 37

Tape transcripts

4E

Una llamada telefónica
- ¡Diga!
○ Hola, Eva.
- ¿Eres Julia? ¡Qué sorpresa! ¿Cómo te ha ido el examen?
○ Estupendo, bueno, quiero decir que aprobé; justo, pero aprobé.
- Me alegro mucho. ¿Y qué vas a estudiar?
○ Economía. Oye, no puedo hablar mucho rato porque te llamo desde una cabina y sólo me quedan dos monedas. ¿Sabes a quién he visto? ¡A Paco! Me ha dicho que va a hacer un viaje por el Norte de España con unos amigos y, claro, le gustaría mucho verte. Le he dado tu número de teléfono.
- ¡Qué alegría! ¿Cuándo sale de Madrid?
○ Creo que dentro de una semana.
- En tren, supongo.
○ No, han alquilado un coche. Oye, ya tengo que colgar, porque se me han acabado las monedas. Adiós, Eva, y recuerdos.
- Igualmente y muchas gracias por haber llamado.

5A

1 ¡ATENCIÓN! ¡ATENCIÓN! El Talgo procedente de BAR-CELONA vía ZARAGOZA está en estos momentos efec-tuando su ENTRADA por vía 2.
2 ¡ATENCIÓN! ¡ATENCIÓN! El Electrotrén procedente de BILBAO efectuará su ENTRA-DA en la ESTACIÓN a las 14 horas 46 minutos, con un re-traso de 25 minutos sobre su hora prevista.
3 ¡ATENCIÓN! ¡ATENCIÓN! El TREN expreso con destino a VALENCIA con parada en Atocha y Albacete, estacionado en vía 3, va a efectuar en breves momentos su SALIDA.

6K

En la estación de Chamartín
- ¿Y usted, señora?
○ ¿A qué hora sale el tren de la noche para Bilbao?
- Hay dos. Una a las 22.55 y otro a las 23.35.
○ ¿Tienen coche-camas o litera?
- El de las 22.55 sí, pero el otro sólo tiene camas.

○ Pues, déme un billete de ida y vuelta con litera para el de las once menos cinco, por favor.
- ¿Para hoy?
○ Oh, no, perdón, es para el 27.
- ¿De segunda?
○ Sí, ¿cuánto es?
- A ver . . . 5.326 pesetas con el suplemento. Más la litera, 795 . . . Son 6.121 pesetas, en total.
○ ¿Tan caro es? Bueno, ¿puedo pagar con cheque?
- No, lo siento . . . Pero con tarjeta de crédito sí.
○ Ah no, yo tarjeta de esas no tengo. Entonces tengo que ir al banco a sacar dinero. ¿Puede re-servarme el billete, por favor? Vuelvo en seguida.
- Muy bien. Tiene usted un banco aquí mismo en la estación. Al fondo, a la derecha.
○ Muchas gracias.
- De nada, señora.

10D

Robo de un cuadro en Pamplona
PAMPLONA, jueves (Agencia Afe): Ayer, por la mañana, una joven de unos 25 años entró en el Museo de Arte Moderno de Pam-plona y se llevó el famoso cuadro «Campo verde» del pintor catalán Miguel Villá.

La policía sabe que la joven fue en coche de Pamplona a Bilbao. Allí fue el aeropuerto y compró un pasaje para Málaga. Pagó el pasaje al contado (14.915 pesetas). Tomó el avión de las 12.30.

Llegó al aeropuerto de Barajas, en Madrid, a las 13.15. En Barajas cambió de avión y llegó a Málaga a las 16.35. La policía sabe también que la joven tomó un taxi en el aeropuerto de Málaga.

Esta tarde la policía va a hablar con el taxista que la llevó.

14A

La vida de Cristóbal Colón
Cristóbal Colón nació proba-blemente en Génova (Italia), en 1451. De joven trabajó unos años con su padre, pero cuando los negocios de éste empezaron a ir mal, Colón salió de Génova y navegó por el Mediterráneo y por el Atlántico.

Hacia 1475 Colón llegó a Por-

tugal. Allí estudió la posibilidad de encontrar un camino más corto y más rápido a la India. Colón pen-saba que la tierra era redonda y no plana y que se podía ir allá por el Atlántico, sin tener que pasar por el sur de África. Presentó su idea al rey de Portugal. Pero éste no quiso financiar el proyecto.

En 1478 fue Colón a España para pedir la ayuda de los Reyes Católicos, Fernando e Isabel. Pero por aquella época los Reyes esta-ban ocupados con la guerra contra los moros y no pudieron ayudarle.

Colón pasó siete años siguiendo a la corte de los Reyes Católicos y esperando su ayuda. Finalmente los Reyes decidieron financiar su expedición.

15H

¿Qué tiempo hará?
Mañana va a empeorar el tiempo y el cielo va a estar cubierto en el Norte de España. Lloverá en Galicia y Cataluña. En el resto del Norte no va a haber pre-cipitaciones, pero el cielo va a estar cubierto. En el Centro y Sur au-mentará unos grados la tempera-tura, sobre todo en Extremadura.

Pasado mañana el cielo estará despejado en Andalucía y Canarias. En el resto del País habrá nubosidad variable, pero sin precipitaciones.

20B

Esta vez iremos a México
- ¿Adónde vais a ir este verano? ¿Otra vez a Italia?
○ No. Esta vez iremos a México. Es un país fascinante. Imagínate, más de la mitad de la población es india.
- Qué interesante, ¿verdad? Son descendientes de los incas, ¿no?
○ Sí, pero los tiempos han cam-biado, no creas. Hoy México es un país con industria, aunque una buena parte de la población se dedica todavía a la agricultura. El único problema para el futuro es que hay pocos jóvenes.
- Sí, ya lo sabía. Y para la industria los mexicanos tienen que importar minerales y, claro, petróleo. Suerte que tienen plata.
○ ¿Quieres decir dinero?
- No, no, plata, el metal. Oye, ¿no

es mexicano Zapata?
○ Sí, como Pancho Villa. Lucharon por la independencia de México en 1810. Y desde entonces gobierna en el país el PRI.
– Ahora me acuerdo. Es verdad. Es el Partido Radical de Izquierdas.
○ No, me parece que PRI quiere decir otra cosa.
– Puede ser. No importa. A ver si me envías una postal para mi colección.
○ No una, varias, mujer.

24E

Soy una chica de 23 años.
Soy una chica de 23 años. Soy soltera y tengo una niña de un año y medio. Me siento muy sola y quiero encontrar un hombre cristiano y bueno. No me importa su físico, pero deseo que no tenga más de 30 años. Quiero que me comprenda, que me ayude con la niña y que sea un buen padre para ella.

Es necesario que viva en Bilbao o cerca de aquí, donde yo vivo con mi hija. Es importante que hable vasco, ya que quiero que mi hija aprenda esta lengua.

Espero que me conteste un hombre cariñoso y comprensivo y que me conteste pronto.
Chica cariñosa

27B

Desearía reservar un apartamento
– Urbanización La Palmera, diga.
○ Oiga, desearía reservar un apartamento que dé al mar.
– ¿Para qué días?
○ Desde el 25 de junio al 15 de julio, ambos inclusive.
– ¿Para cuántas personas?
○ Somos 4.
– Lo siento mucho, para 4 no queda ninguno libre; tendrá que ser uno con 6 camas.
○ ¿Cuánto costaría, entonces?
– Mire, con 6 camas . . . 45.000 pesetas.
○ Bueno, está bien. ¿Hay sábanas en el apartamento?
– Sí, claro. Hay de todo: toallas, paños de cocina. En fin, todo lo que necesiten ustedes.
○ ¿Hay también máquina para lavar la ropa?
– No, eso sí que no. Pero tenemos una lavandería, que se paga aparte. En el apartamento encontrará usted una lista de precios.
○ Estupendo. Nada más, pues. Ah, sí, me olvidaba. ¿Hay alguna tienda

cerca de la urbanización?
– Sí, a unos 10 minutos a pie tiene usted un centro comercial, con todo tipo de tiendas. Pero además, en la misma urbanización, hay un pequeño supermercado donde venden comida. Dígame su nombre y dirección y le enviaré el contrato y un folleto con más información.
○ Muchas gracias. Mire, Juan Calderón, Calle Santa Teresa, número 15, Salamanca.
– . . . Salamanca . . ., muy bien, gracias. Adiós.
○ A usted. Adiós.

30A

Al teléfono
– Haga el favor de reservarnos una mesa para dos personas.
○ Sí, señor, ¿para qué hora?
– Para las nueve y media.
○ ¿A nombre de quién?
– Blanco, Enrique Blanco.
○ Muy bien, muchas gracias.
– Gracias, hasta luego.
○ Adiós.

30F

La cena de Antonia Herrera
Antonia Herrera vive y trabaja en Madrid, pero ahora está de vacaciones en un pueblo de la Costa del Sol. A mediodía come siempre en casa. Pero por la noche va a cenar a un restaurante. Reserva siempre una mesa pequeña, cerca de la ventana. Desde allí puede ver el mar.

Esta noche, como siempre, a las nueve en punto entra en el restaurante. Habla con el camarero:
– Buenas noches.
○ Buenas noches, señora. Lo siento mucho, pero su mesa está ocupada hoy. Están cenando allí unos amigos del dueño. Pero le he reservado una mesa muy buena, cerca de la puerta.
– Pero no puedo ver el mar desde allí . . .
○ No, pero puede ver la iglesia. Es una iglesia muy bonita.
– Bueno, bueno, déme la carta por favor . . .
○ Muy bien, aquí está . . . ¿qué desea, señora?
– ¿Qué me recomienda?
○ El escalope milanesa hoy es muy bueno . . .
– Pero prefiero tomar pescado. ¿Cómo es la merluza?
○ Lo siento, pero no tenemos mer-

luza. Se ha acabado. Le recomiendo el lenguado. Es fantástico.
– Bueno, tráigame un lenguado, pues.
○ ¿Y para beber?
– Vino blanco de la casa.
○ ¿Algún postre? ¿Queso?
– No, ¿cuál es la fruta del tiempo?
– Melocotón. Son de Valencia. Se los recomiendo.
– Bueno, déme melocotón, pues.
○ En seguida le traigo el pescado, señora.

37B

Alberto Juantorena
Alberto Juantorena, el atleta cubano más popular de los últimos tiempos, nació en 1951. Empezó a practicar el atletismo cuando tenía 20 años de edad. Cinco años más tarde, en los Juegos Olímpicos de Montreal, hizo lo que nadie había hecho hasta entonces: conquistó dos medallas de oro, en las pruebas de 800 y 400 metros. En los 800 metros además batió el récord mundial. Este mismo año se convirtió en un ídolo y la crítica y la prensa lo consideró el mejor deportista del año.

41E

Unas pastillas de aspirina
– Buenos días. Déme unas pastillas contra el dolor de cabeza, por favor.
○ ¿Unas aspirinas?
– ¿No tiene algo más fuerte? Ya he tomado tres aspirinas, . . . y me sigue doliendo. ¿Qué piensa usted?
○ ¿Duerme bien?
– Bueno, me acuesto y me duermo en seguida, pero luego me despierto dos o tres veces durante la noche.
○ Quizás debería ir a un médico.
– Sí, ya he estado. Dice que son los nervios.
○ ¿Le recetó algo?
– No, nada. Me dijo que era necesario que dejara de fumar, y que no tomara tanto café.
○ ¿No le dijo nada más?
– Sí, me recomendó que hiciera ejercicio y que fuera a la playa. Pero para eso yo no tengo tiempo. Con los cinco hijos, el marido y el trabajo en la oficina . . .
○ Ya veo. Pues, mire, tome estas pastillas, que son muy buenas. Tome media ahora y media por la noche, antes de acostarse. Y ya verá como mañana ya no le duele la cabeza.

Course outline

América del Sur

MAR CARIBE

OCÉANO ATLÁNTICO

● Caracas

Venezuela

● Bogotá

Colombia

● Quito

Ecuador

Río Amazonas

Perú

Brasil

● Lima

Bolivia

● La Paz

● Sucre

OCÉANO PACÍFICO

Paraguay

● Asunción

Chile

Uruguay

Santiago ●

● Buenos Aires

● Montevideo

Argentina

Río de la Plata

HISPANOAMÉRICA

País	Población	Unidad monetaria
Argentina	28 millones de argentinos	Un austral
Bolivia	6 millones de bolivianos	Un peso
Chile	12 millones de chilenos	Un peso
Colombia	28 millones de colombianos	Un peso
Ecuador	9 millones de ecuatorianos	Un sucre
Paraguay	4 millones de paraguayos	Un guaraní
Perú	19 millones de peruanos	Un inti
Uruguay	3 millones de uruguayos	Un peso
Venezuela	17 millones de venezolanos	Un bolívar

México y América Central

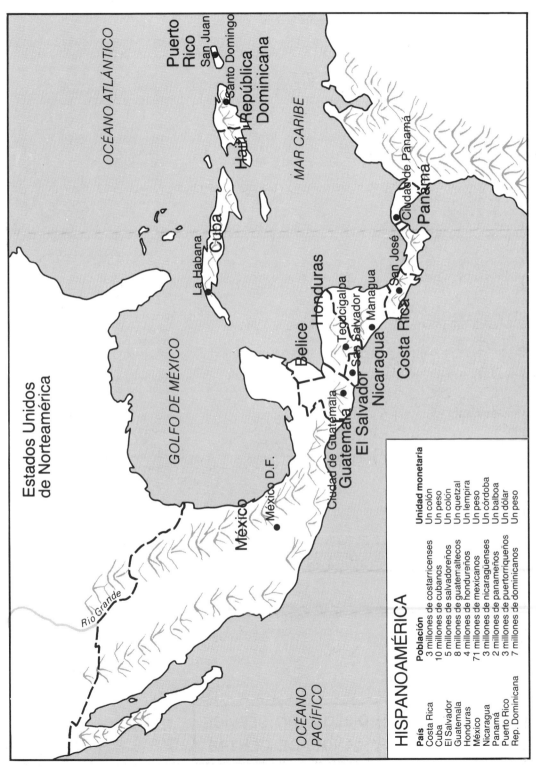

OCÉANO ATLÁNTICO

Puerto Rico
San Juan
Santo Domingo
República Dominicana
Haití

MAR CARIBE

Ciudad de Panamá
Panamá

Cuba
La Habana

San José
Honduras
Tegucigalpa
Managua
Belice
San Salvador
Costa Rica
Nicaragua
El Salvador
Guatemala
Ciudad de Guatemala

GOLFO DE MÉXICO

Estados Unidos
de Norteamérica

México
México D.F.

Río Grande

OCÉANO
PACÍFICO

HISPANOAMÉRICA

País	Población	Unidad monetaria
Costa Rica	3 millones de costarricenses	Un colón
Cuba	10 millones de cubanos	Un peso
El Salvador	5 millones de salvadoreños	Un colón
Guatemala	8 millones de guatemaltecos	Un quetzal
Honduras	4 millones de hondureños	Un lempira
México	71 millones de mexicanos	Un peso
Nicaragua	3 millones de nicaragüenses	Un córdoba
Panamá	2 millones de panameños	Un balboa
Puerto Rico	3 millones de puertorriqueños	Un dólar
Rep. Dominicana	7 millones de dominicanos	Un peso

Alphabetical grammar index

Numbers refer to paragraphs in the grammar section